AF628270

DIE GÖTTLICHE BARMHERZIGKEIT VERSTEHEN

von Pater Chris Alar MIC

Für Pater Seraphim Michalenko MIC

(1930-2021)

Als unser Patriarch und Mentor hast du durch deine unermüdliche Arbeit bei der Verbreitung des *Tagebuchs der hl. Maria Faustyna Kowalska*, der Bewahrung und Verbreitung des Bildes der Göttlichen Barmherzigkeit, der Förderung des Festes der Barmherzigkeit Gottes und der Selig- und Heiligsprechung der hl. Faustyna dazu beigetragen, Gottes Willen zu erfüllen, die Welt von Seiner unergründlichen Barmherzigkeit wissen zu lassen. Die gesamte Menschheit hat von deiner Arbeit profitiert und wir Marianer werden dir ewig dankbar sein. Christus sagte, dass der Jünger nie größer ist als der Meister (siehe Lk 6,40), und das war nie wahrer als für diejenigen von uns – *Millionen von uns* – die in deine Fußstapfen als Jünger und Apostel der Göttlichen Barmherzigkeit treten.

Ich bin gesegnet, von dir gelernt zu haben, und werde dich sehr vermissen. Möge deine Seele auf ewig in den liebenden Armen unseres Erlösers Jesus, der Göttlichen Barmherzigkeit, ruhen.

P.S. In unseren Herzen glauben wir, dass du S. M. bist!???

(siehe *TB* 1689)

Aus der Serie: Den Glauben erklären

DIE GÖTTLICHE BARMHERZIGKEIT VERSTEHEN

von Pater Chris Alar MIC

fe

Aus dem Amerikanischen von
Mechtild Neiske

MARIAN PRESS
STOCKBRIDGE MA 01263

Copyright © 2021 Marian Fathers of the Immaculate Conception of the B.V.M. All rights reserved.

Imprimi Potest
Very Rev. Kazimierz Chwalek, MIC
Provincial Superior
The Blessed Virgin Mary, Mother of Mercy Province
21. Dezember 2020

Nihil Obstat
Dr. Robert A. Stackpole, STD
Censor Deputatus
21. Dezember 2020

1. Auflage 2023
© fe-medienverlags GmbH
Hauptstr. 22, 88353 Kisslegg
www.fe-medien.de

Layout: Renate Geisler
Umschlagbild: sedmak/istockphoto.com
Druck: orth-druk, Bialystok (Polen)

ISBN 978-3-86357-377-5

Printed in the EU

Kapitel III

Kapitel IV

Kapitel V

Anhang

Vorwort

Wenn ich gefragt werde, warum die Botschaft der Göttlichen Barmherzigkeit für die heutige Welt so wichtig ist, ist die Antwort einfach: Durch die Botschaft der Göttlichen Barmherzigkeit bereitet unser Herr uns auf Sein endgültiges Kommen vor.

Er macht in der Heiligen Schrift deutlich, dass Er sich bei Seiner Wiederkunft nicht mit der Sünde befassen wird, denn das hat Er ein für alle Mal getan. Wenn Er wiederkommt, dann „um denen, die Ihn erwarten, das Heil zu bringen“ (Hebr 9,28).

Er sagte der großen Prophetin der Göttlichen Barmherzigkeit, der hl. Maria Faustyna, in einer Reihe von Offenbarungen in den 1930er Jahren: **„Die Menschheit wird keinen Frieden finden, solange sie sich nicht mit Vertrauen an Meine Barmherzigkeit wendet“** (*TB der hl. Maria Faustyna Kowalska*, 300). Helena Kowalska, die heute in der ganzen Welt als die hl. Maria Faustyna (1905-1938) bekannt ist, wurde von unserem Herrn selbst als „Sekretärin“ und „Apostelin“ Seiner Barmherzigkeit bezeichnet. Der Herr sagte zu ihr: **„Du wirst die Welt auf Meine endgültige Wiederkunft vorbereiten“** (*TB* 429).

Der Auftrag, den der Herr ihr gab, bestand nicht nur darin, die Welt an die große Barmherzigkeit Gottes zu erinnern, wie sie in der Heiligen Schrift offenbart ist, sondern auch darin, uns neue Formen der Andacht zur Göttlichen Barmherzigkeit zu lehren und eine Bewegung von Aposteln der Göttlichen Barmherzigkeit zu initiieren, die ein kindliches Vertrauen auf Gott zeigen und Nächstenliebe erweisen.

Für jeden, der daran interessiert ist, sich dieser Bewegung anzuschließen – und ich bete, dass das auch für euch alle gilt, die ihr dieses lest – bietet dieses Buch von Pater Chris Alar MIC einen perfekten Einstieg.

Doch bevor ich das Wort an Pater Chris übergebe, möchte ich noch ein paar Dinge sagen.

Das erste betrifft die „Privatoffenbarungen". In der Tat wurde die Andacht zur Göttlichen Barmherzigkeit der Welt vom Herrn durch die hl. Faustyna gegeben und sie ist das, was die Kirche „Privatoffenbarung" nennt. (Anmerkung: Die Botschaft von der Barmherzigkeit Gottes stammt aus der Heiligen Schrift und ist das, was die Kirche „öffentliche Offenbarung" nennt, d.h. die Bezeichnung für das Offenbarungshandeln Gottes an die Menschheit, wie es im Alten und Neuen Testament zum Ausdruck kommt.) Was sollen wir also von der von der Kirche anerkannten „Privatoffenbarung" halten? Nun, es ist wichtig, sich daran zu erinnern, was der hl. Paulus sagte. Er sagte, die Kirche sei auf das Fundament der Apostel und Propheten gebaut (siehe Eph 2,19-22). Der hl. Augustinus und der hl. Thomas bezeichnen die Propheten der Kirche als die Menschen, die Privatoffenbarungen erhalten.

Aber warum greift Gott auf Privatoffenbarungen zurück? Pater Karl Rahner SJ, der deutsche Theologe, der über Privatoffenbarungen geschrieben hat, sagte, dass die Geheimnisse der Kirche zusammengenommen nicht alle auf einmal und in gleichem Maße betont werden können. Deshalb lege der Heilige Geist von Zeit zu Zeit einen Schwerpunkt auf ein bestimmtes Geheimnis, dem die Kirche und die Welt zu einem bestimmten Zeitpunkt besondere Aufmerksamkeit schenken müssten.

Die Offenbarungen der Göttlichen Barmherzigkeit sind sowohl öffentliche als auch private Offenbarungen und daher besonders auf unsere Zeit zugeschnitten. Aber verlasst euch nicht nur auf mein Wort. Der hl. Papst Johannes Paul II. hat diese Offenbarungen sehr ernst genommen. Im Jahr 1981 schrieb er eine ganze Enzyklika über die Göttliche Barmherzigkeit mit dem Titel *Dives in Misericordia* (*Reich an Erbarmen*), in der er darlegte, dass der Kern der Sendung Jesu Christi darin bestand, die barmherzige Liebe des Vaters zu offenbaren. Im Jahr 1993 sprach er Schwester Faustyna selig. Im Jahr 1997 verkündete er am Grab der sel. Faustyna in Łagiewniki, Polen: „Es gibt nichts, was der Mensch mehr braucht als die Göttliche Barmherzigkeit. … Von hier ging die Botschaft der Barmherzigkeit aus, die Christus selbst durch die sel. Faustyna an unsere Generation weitergeben wollte." Im Jahr 2000 sprach er Schwester Faustyna als erste Heilige des neuen Jahrtausends heilig und führte am selben Tag den „Sonntag der Göttlichen Barmherzigkeit" als besonderen Titel für den Oktavsonntag der Osternacht in der Weltkirche ein.

In seiner Predigt zum Sonntag der Göttlichen Barmherzigkeit im Jahr 2001 bezeichnete Papst Johannes Paul II. die Offenbarungen an die hl. Faustyna als „die angemessene und einschneidende Antwort, die Gott auf die Fragen und Erwartungen der Menschen in unserer von schrecklichen Tragödien geprägten Zeit geben wollte. … Göttliche Barmherzigkeit! Das ist das Ostergeschenk, das die Kirche vom auferstandenen Christus empfängt und der Menschheit an der Schwelle des dritten Jahrtausends anbietet."

Später, im Jahr 2002, sagte der Heilige Vater in Łagiewniki, Polen: „Ich möchte die Welt feierlich der Göttlichen Barmherzigkeit anvertrauen. Ich tue dies mit dem brennenden Wunsch, dass die Botschaft der barmherzigen Liebe Gottes, die hier durch die hl. Faustyna verkündet wird, allen Völkern der Erde bekannt gemacht wird und ihre Herzen mit Hoffnung erfüllt. Möge diese Botschaft von diesem Ort aus in unser geliebtes Heimatland und in die ganze Welt ausstrahlen." Dann erklärte der Heilige Vater in direkter Anspielung auf die Aussage unseres Herrn an die hl. Faustyna und zitierte den letzten Teil davon: „Möge das verbindliche Versprechen des Herrn Jesus erfüllt werden: Von hier muss ‚der Funke ausgehen, der die Welt auf Sein endgültiges Kommen' vorbereitet (*TB* 1732). Dieser Funke muss durch die Gnade Gottes entzündet werden. Dieses Feuer der Barmherzigkeit muss an die Welt weitergegeben werden. In der Barmherzigkeit Gottes wird die Welt den Frieden und die Menschheit das Glück finden!"

Warum hat der hl. Papst Johannes Paul II. so nachdrücklich empfohlen, die Botschaft und die Andacht zur Göttlichen Barmherzigkeit zu beherzigen? Offensichtlich tat er dies, weil er sie nicht nur als eine Sammlung von „Privatoffenbarungen" betrachtete, sondern als prophetische Offenbarungen. Mit anderen Worten: Offenbarungen, die uns von Gott gegeben wurden, um das Herz des Evangeliums auf eine Weise zu verkünden, die den Bedürfnissen unserer Zeit besonders gerecht wird.

Nun sind 116 Jahre seit der Geburt unserer lieben Heiligen am 25. August 1905 vergangen. Und an jedem 5. Oktober begehen wir ihren Abschied von dieser Erde, um den ihr zugedachten Platz in der Nähe Gottes einzunehmen. Doch wir, die wir bereit sein und „Ihn sehnsüchtig erwarten“ wollen, sollten ihr Versprechen an uns nicht vergessen: „Dich, arme Erde, werde ich nicht vergessen“ schrieb sie, „obwohl ich es spüre, dass ich sofort ganz in Gott versinken werde, im Ozean des Glücks. Das wird mich jedoch nicht hindern, auf die Erde zurückzukehren, den Seelen Mut zu machen und sie zum Vertrauen auf die Barmherzigkeit Gottes zu ermuntern. Ja, die Versenkung in Gott wird mir unbegrenzte Wirkungsmöglichkeiten geben“ (*TB* 1582).

Möge dieses Buch von Pater Chris dazu führen, dass wir uns immer tiefer in das Leben und die Schriften der hl. Faustyna vertiefen. Mögen wir lernen, auf die versprochene Hilfe der hl. Faustyna zu zählen, um das zu erreichen, was unser Herr so sehr von uns wünscht und von uns braucht. Mögen wir inspiriert werden, grenzenloses Vertrauen zu Ihm zu haben, der die unfehlbare Göttliche Barmherzigkeit in Person ist.

Pater Seraphim Michalenko MIC
1. Januar 2021

Pater Seraphim Michalenko MIC diente als Vize-Postulator für Nordamerika im Heiligsprechungsprozess der hl. Maria Faustyna.

KAPITEL I

Was ist die Göttliche Barmherzigkeit?

Der Titel *Die Göttliche Barmherzigkeit verstehen* mag auf den ersten Blick etwas anmaßend erscheinen, wenn man bedenkt, dass Jesus der hl. Faustyna sagte: „Wie Gott in Seinem Wesen ist, wird niemand ergründen, weder der Geist der Engel noch der Menschen" (*TB* 30). Wir müssen jedoch weiter lesen. Die nächste Aussage Jesu in demselben Abschnitt gibt uns einen Weg, Ihn besser zu verstehen: „Erkenne Gott durch Erwägung Seiner Eigenschaften." Das Ziel dieses Buches ist es, genau das zu tun. Indem wir die Barmherzigkeit Gottes als Eigenschaft betrachten, können wir Jesus, die Göttliche Barmherzigkeit, als Person kennenlernen. Dies ist wichtig, weil der hl. Thomas von Aquin sagt, dass wir jemanden kennen müssen, bevor wir ihn lieben können. Da der Schlüssel zum ewigen Leben in der Tugend der Liebe liegt, hoffe ich, euch dabei helfen zu können, Gott besser kennenzulernen, damit ihr Ihn mehr lieben und für alle Ewigkeit mit Ihm vereint sein könnt.

Der beste Weg, um diese Reise zu beginnen, ist die Betrachtung der Barmherzigkeit – nach dem hl. Augustinus die größte Eigenschaft Gottes. Jesus hat sich als „Antlitz der Barmherzigkeit des Vaters" (siehe das päpstliche Dekret *Misericordia Vultus*) im Bild der Göttlichen Barmherzigkeit offenbart, das Christus der Welt durch die hl. Faustyna geschenkt hat. Die weite Verbreitung dieses Bildes, zusammen mit dem Rosenkranz und dem Fest der Göttlichen Barmherzigkeit, veranlasste Pater Seraphim Michalenko MIC zu der Aussage: „Die Botschaft und die Andacht zur Göttlichen Barmherzigkeit ist die größte Volksbewegung in der Geschichte der katholischen Kirche." Damit hatte er natürlich recht. Aber warum ist die Göttliche Barmherzigkeit die größte Volksbewegung der Kirche geworden? Weil sie die einzige Antwort auf die Unordnung unserer Zeit ist.

Die Marianer von der Unbefleckten Empfängnis (MIC) und unsere Helfer der Marianer stehen seit 1941 im Zentrum dieser Mission, kaum drei Jahre nach dem Tod der hl. Maria Faustyna Kowalska, des Herrn „Sekretärin" der Göttlichen Barmherzigkeit. Wir sind eine Ordensgemeinschaft, die von Gott und der Kirche ausdrücklich beauftragt wurde, die Welt über die Göttliche Barmherzigkeit zu unterrichten.

Im Jahr 2001, dem 60. Jahrestag der Beteiligung der Marianer an der Verbreitung der Göttlichen Barmherzigkeit, sandte Papst Johannes Paul II. einen besonderen Apostolischen Segen und einen erneuten Aufruf an die marianischen Gläubigen, als er sagte: „Seid Apostel der Göttlichen Barmherzigkeit unter der mütterlichen und liebevollen Führung Mariens." Inspiriert von diesem „Großen Barmherzigkeitspapst" – und in dem Wissen, dass das Wohlergehen der Welt wieder ein authentisches christliches Zeugnis erfordert – setzen wir unsere Aufgabe im dritten Jahrtausend fort, um bekannt zu machen, dass, mit den Worten Jesu an die hl. Faustyna, **„die Menschheit keinen Frieden finden wird, bis sie sich vertrauensvoll an Meine Barmherzigkeit wendet"** (*TB* 300). Wir glauben, dass es kein wichtigeres Werk auf der Welt gibt, das wir Marianer jetzt tun könnten, und wir glauben, dass es kein wichtigeres Thema auf der Welt gibt, über das ihr jetzt lesen könntet.

Meine Ordensgemeinschaft und ich verbreiten unermüdlich diese wichtige Botschaft und Andacht und der größte Teil unserer Arbeit beginnt auf dem Gelände des Nationalen Heiligtums der Göttlichen Barmherzigkeit in Stockbridge, Massachusetts (ihr kennt unser Heiligtum vielleicht als den Ort, an dem der Rosenkranz zur Göttlichen Barmherzigkeit – der täglich auf EWTN gebetet wird – aufgenommen wurde). Es ist ein wunderschöner Ort, der perfekt geeignet ist, um die Pilger zu empfangen, die hierherkommen. Und das wirft eine Frage auf: Warum besuchen die Menschen Wallfahrtsorte oder überhaupt jede Kirche, die es gibt? Weil dies die Orte sind, an denen wir Jesus auf besondere und intime Weise durch das Gebet und die Sakramente begegnen können.

Wer also ist dieser *Jesus*? Diese Frage mag manchen wie eine einfache Frage erscheinen, aber es steckt mehr dahinter, als ihr vielleicht denkt. Ich glaube, alle Christen können sich darauf einigen, dass Jesus die fleischgewordene Zweite Person der Heiligsten Dreifaltigkeit (ein Gott in Drei Personen) ist. Wenn ich euch jedoch bitten würde, mir ein Wort zu nennen, das Gott am besten beschreibt, welches Wort wäre das? Die treffendste Beschreibung wäre *Liebe*. Gott ist die Liebe (siehe 1 Joh 4,16).

Aber warum Liebe? Es gibt viele Tugenden oder Eigenschaften Gottes, die wir auf Ihn anwenden könnten. Wir könnten sagen, Gott ist *omnipotent*, weil Er allmächtig ist. Wir könnten sagen, Gott ist *omniscient,* weil Er allwissend ist. Aber warum denken wir bei Gott zuerst an die Liebe? Die Antwort liegt in den Tugenden, die das christliche Leben beseelen und seinen Charakter bestimmen. Von allen Tugenden – und davon gibt es viele: Gerechtigkeit, Besonnenheit, Stärke, Geduld, Glaube, Hoffnung und andere – ist die größte die Liebe! (siehe 1 Kor 13,13). Wir assoziieren Gott mit der Liebe, weil sie die höchste aller Tugenden ist.

Aber wie uns die Griechen lehrten, ist nicht alle Liebe gleich. Es gibt zum Beispiel die romantische Liebe (*Eros*), die Liebe zwischen Vater und Sohn (*kindliche* Liebe) und eine noch höhere Form der Liebe, die *Agape*-Liebe, die eine völlige Selbsthingabe ist. Jede dieser Formen der Liebe hat ihre eigenen Unterscheidungsmerkmale. Zur Veranschaulichung: Ich habe meinen Master of Business Administration an der Universität von Michigan gemacht und ich habe den College-Football in Michigan immer geliebt. Aber liebe ich Michigan-Football auf die gleiche Weise, wie ich meine Mutter liebe? Sie würde wahrscheinlich „Ja“ sagen! Aber das ist natürlich nicht wahr.

Wir haben verschiedene Arten der Liebe, aber die größte Art der Liebe ist die Barmherzigkeit. Barmherzigkeit ist die höchste Form der höchsten Tugend – besser geht es nicht. Wenn ihr in den Himmel kommen wollt, ist der sicherste und beste Weg, barmherzig zu sein, wie der himmlische Vater barmherzig ist (siehe Lk 6,36). Nehmt die Barmherzigkeit Gottes an und gebt sie an eure Nächsten weiter. Liebt Gott und liebt eure Nächsten. Dies sind die beiden größten Gebote, die uns Christus selbst gegeben hat. Von allen Tugenden ist die Liebe die größte. Und von allen Formen der Liebe ist die Barmherzigkeit die höchste.

Genauer gesagt, ist die Barmherzigkeit die besondere Form der Liebe, die zum Handeln führt. Wenn diese Art der Liebe zum Beispiel dem Leiden begegnet, versucht sie, dieses Leiden zu lindern. Was will ich damit sagen? Wir alle kennen die Bilder von hungernden Kindern und Opfern von Naturkatastrophen, die im Fernsehen gezeigt werden. Oft sagen wir uns: „Oh, das ist aber schade, da muss doch jemand etwas tun!“ Und dann surfen wir weiter durch die Kanäle. Hier haben wir eine Gelegenheit verpasst, Barmherzigkeit zu leben – das heißt, das Leiden zu erkennen, es in unser Herz aufzunehmen und etwas dagegen zu tun. Wir können Barmherzigkeit leben, indem wir etwas so Großes tun, wie physisch in das Katastrophengebiet zu gehen, um zu helfen, oder wir können Barmherzigkeit leben, indem wir etwas so Einfaches tun, wie in diesem Moment ein kurzes Gebet zu sprechen.

In jedem Fall üben wir Barmherzigkeit. Es gibt zwar viele Möglichkeiten, Barmherzigkeit zu üben, aber Jesus sagte der hl. Faustyna, dass Er uns drei bestimmte Möglichkeiten gibt, dies zu tun: in Worten, in Taten und im Gebet (*TB* 742). Es gibt keine Ausreden, nicht barmherzig zu sein, denn Christus befiehlt es, und wir alle können in jeder Situation mindestens eines dieser Gebote ausführen.

Einer der großen Lehrer der Göttlichen Barmherzigkeit und ein Freund unserer Marianischen Gemeinschaft, der verstorbene Pater George Kosicki CSB würde sagen: „Barmherzigkeit bedeutet, im Herzen Schmerz für den Schmerz eines anderen zu empfinden und sich zu bemühen, etwas gegen seinen Schmerz zu tun.“ Das ist eine Menge Schmerz, aber wir alle empfinden in irgendeiner Weise Schmerz und wir alle haben auf irgendeine Weise Anteil am Schmerz unserer Freunde und Angehörigen. Mit anderen Worten: Wir alle leiden.

Hat Gott das Böse geschaffen?

Es ist offensichtlich, dass es in der heutigen Welt viel Leid und Böses gibt. Man braucht sich nur die täglichen Nachrichten anzusehen und innerhalb von fünf Minuten hat man die volle Dosis davon abbekommen. Ein Beispiel dafür sind die Amokläufe an Schulen, die monatelang die nationalen Nachrichten beherrschten. Obwohl mich die scheinbar endlose Reihe von Tragödien nie direkt betraf, sah ich die verheerenden Auswirkungen, die sie im Laufe der Jahre auf viele Menschen hatten.

Ein solcher Fall ereignete sich, als ich im Jahr 2019 auf einer Gemeindeversammlung in Tuscola, Illinois, sprach. Nach meinem Vortrag kam ein Herr auf mich zu und sagte: „Pater, meine Nichte ist Schülerin der Parkland-Hochschule. Dort hat sich letztes Jahr die schreckliche Schießerei an der Hochschule in Florida ereignet. Wissen Sie, Pater, ein Jahr lang hat sie sich gequält. Sie hat an diesem Tag 17 Freunde verloren." Nach einem Moment der Sprachlosigkeit sagte ich: „Es tut mir so leid, das zu hören." Aber ich war nicht auf das vorbereitet, was er als Nächstes sagen wollte.

Mit zitternder Stimme sagte er: „Pater, am Montag hat sie sich das Leben genommen." In diesem Moment spürte ich, wie die gesamte Energie aus mir herausgesaugt wurde. Alles, was ich tun konnte, war, einen mitfühlenden Blick in seine Richtung zu werfen und meine Hand auf seine Schulter zu legen. Dann sagte er leise: „Nun, Pater, zwei Tage nachdem sie sich das Leben genommen hatte, nahm sich ein anderer Schüler das Leben." Ich war entmutigt, als ich erfuhr, dass in Folge dieses Unglücks nun zwei weitere Menschen sinnlos gestorben waren. Es war eine Tragödie von höchstem Ausmaß. Er brachte dann seine Verwirrung darüber zum Ausdruck, wie Gott ein solches Unglück zulassen konnte.

Um diese uralte Frage zu beantworten, möchte ich euch zwei Fragen stellen: Erstens: Gibt es das Böse als etwas Reales, Geschaffenes? Zweitens: Hat Gott es erschaffen? Die Antwort auf beide Fragen lautet „Nein". Aber man könnte sich auf die Schießerei in Florida beziehen und sagen: „Na bitte, das Böse ist überall, und da Gott alles erschaffen hat, hat Er auch das Böse selbst erschaffen, und jetzt müssen wir damit fertig werden."

Tatsächlich ist das Böse nicht *etwas*, sondern ein *Mangel* an etwas. Das Böse ist eine Entbehrung – oder ein Mangel – des Guten. Wenn wir also Gott aus unseren Schulen, aus unseren Gerichten, aus unseren Familien, aus der ganzen Gesellschaft entfernen, dann entfernen wir das Gute selbst. Und was bleibt übrig? Ein Mangel an Gutem. Das ist die eigentliche Definition des Bösen – ein Mangel an Gutem. Da Gott von Natur aus gut ist, kann Er nicht gegen das Gute handeln, also kann Er auch nicht das Böse erschaffen. Das Böse erklärt sich aus der Erkenntnis, dass es Folgen hat, wenn wir das Gute aus unserer Gesellschaft entfernen, was zum Auftreten des Bösen führt.

Ich erinnere mich, dass ich vor ein paar Jahren am Flughafen ein T-Shirt gesehen habe. Es verwies in fetten Buchstaben auf andere Schießereien an Schulen und erklärte: „Columbine, Sandy Hook ... Gott, wie kannst du zulassen, dass so etwas an unseren Schulen passiert?" Die Zeile darunter war die Antwort Gottes: „Ich bin in euren Schulen nicht erlaubt!" Aufgrund dieser Entfernung Gottes (der Güte selbst) aus unserem Leben, die dazu führt, dass wir weltliche Ideale und Sündhaftigkeit annehmen, fügen wir uns selbst mehr Leid zu. Und die Auswirkungen sind sowohl im privaten als auch im gesellschaftlichen Bereich zu sehen. Wenn wir sündigen, beeinträchtigen wir nicht nur unser eigenes Leben und das Schicksal unserer eigenen Seele – wir injizieren sozusagen eine Art Gift in die Welt und beschädigen die Güte von Gottes Schöpfung. Das ist vielleicht der Grund, warum wir so viele Wirbelstürme, Erdbeben und Tsunamis haben, denn jedesmal, wenn wir sündigen, bringen wir Disharmonie in Gottes Universum.

Die Folgen der Sünde und Gottes Antwort

Wenn uns die Verlockung der Sünde begegnet, sollten wir uns davor hüten, Gottes Barmherzigkeit für selbstverständlich zu halten und zu uns selbst leichtfertig zu sagen: „Ich kann dieser Versuchung nachgeben, weil sie niemandem sonst schadet, und ich kann morgen einfach zur hl. Beichte gehen. Es stimmt zwar, dass unsere Sünden im Beichtstuhl vergeben werden (sofern wir eine gültige hl. Beichte ablegen), aber wenn wir keine vollkommene Reue haben, d.h. eine Reue, die aus reiner Liebe zu Gott und nicht aus Angst vor Strafe entsteht, lässt unsere hl. Beichte nicht unbedingt alles automatisch verschwinden. Die Folgen unserer Sünden können bestehen bleiben, auch wenn die Sünden, die wir gebeichtet haben, vergeben sind.

Denn wenn wir sündigen, schaden wir nicht nur uns selbst, sondern auch dem ganzen Leib Christi. Und wie wir oben festgestellt haben, können diese Narben auch dann noch bleiben, wenn die Wunde der Sünde durch die hl. Beichte geheilt ist. Wenn nicht alle unsere Sünden vergeben und gesühnt sind (durch Handlungen wie Bußübungen, Fasten, zusätzliche Gebete usw.), kann die zeitliche Bestrafung durch die Sünde auf unserer Seele zurückbleiben. Das liegt daran, dass die Gerechtigkeit Gottes immer noch Genugtuung oder Sühne verlangt. Obwohl diese „Strafe" besser als Gottes liebende und väterliche Disziplin verstanden werden kann, erfordert sie, dass wir eine Form von Leiden ertragen, entweder in diesem Leben oder im Fegefeuer nach diesem Leben.

Doch es gibt Hoffnung. Gott weiß, dass wir aufgrund unserer Sünden leiden, und Er will uns helfen. Er weiß, dass wir gebrochen sind, und Er will etwas dagegen tun. Das ist die Definition von Barmherzigkeit (Liebe, die dem Leiden begegnet und etwas dagegen unternimmt), und wenn diese Barmherzigkeit auf Gott zutrifft, ist sie als Göttliche Barmherzigkeit bekannt. Gott liebt uns, und Er will uns vergeben und heilen. Er möchte sich unser erbarmen.

Pater Seraphims Definition von Barmherzigkeit erläutert dieses Konzept. Er sagt, dass Barmherzigkeit bedeutet, „die Ungeliebten zu lieben und das Unverzeihliche zu vergeben". Sind wir nicht liebenswert? Wenn wir unsere Sünden in der natürlichen Ordnung der Dinge betrachten, nein. Kann uns nicht verziehen werden? Natürlich gesprochen, nein. Was wir getan haben – die Sünde – ist das schlimmste Verbrechen, weil es ein Verbrechen gegen die unendliche Liebe Gottes ist. Deshalb sagt uns der hl. Paulus, dass wir die schlimmste Strafe verdient haben. Er sagt: „Denn der Lohn der Sünde ist der Tod" (Röm

6,23). Wenn uns die Sünde also nichts als Leid und Tod bringt, wie können wir dann einen Ausweg aus dem Schlamassel finden, in den wir uns selbst hineingeritten haben? Was ist die „Medizin“ für diesen Zustand? Was ist das Heilmittel für unser Leiden?

Die Antwort findet sich in der *Göttlichen Barmherzigkeit*, die im Wesentlichen so definiert ist, dass Gott die Ungeliebten liebt und das Unverzeihliche vergibt. Durch unsere Sünden haben wir uns technisch gesehen sowohl ungeliebt als auch unverzeihlich gemacht, und deshalb leiden wir schrecklich. In der Göttlichen Barmherzigkeit, die uns von Gott durch die Kirche (den mystischen Leib Christi) geschenkt wird, finden wir die Antwort.

Das ultimative Heilmittel: die Heilige Messe

Gott hat uns das Heilmittel für unser Leiden in Seiner Kirche und ganz besonders in der *Heiligen Messe* gegeben. Die Liturgie ist für das Wachstum unseres geistlichen Lebens unverzichtbar, doch nur wenige Menschen verstehen das, oder schlimmer noch, sie lehnen es rundweg ab. Wir alle kennen jemanden, der sagt: „Ich habe nichts mit organisierter Religion am Hut. Ich brauche die vier Wände einer Kirche nicht; ich brauche die Heilige Messe nicht, weil ich in meinem eigenen Zimmer bete.“

Das ist bis zu einem gewissen Punkt verständlich. Die Heilige Schrift sagt uns: „Du aber, wenn du betest, geh in deine Kammer, schließ die Tür zu“ (Mt 6,6). Diese Form des Gebets ist zwar unverzichtbar, aber sie ist nur der Anfang, denn wenn wir allein beten, ist es wie beim Laufen lernen – unser privates Gebet ist unvollkommen. Und warum? Weil wir alle gebrochen sind. Wir sind alle sündig und diese Sünden sind wie Jalousien vor den Fenstern desselben Raumes, in den wir gehen, um privat zu beten. Gottes Gnade ist wie die Sonne, die immer scheint; sie versucht, durch diese „Jalousien" vor den Fenstern unserer Seelen hindurchzudringen. Aber genauso wie ein Großteil des Lichts durch die Jalousien vor unseren Fenstern blockiert wird, wird ein Großteil der Gnade Gottes durch die Dunkelheit unserer Sünden blockiert. Unser privates Gebet ist großartig, aber weil wir sündig sind (auch wenn wir uns im Zustand der Gnade befinden), macht unsere gebrochene menschliche Natur alle unsere Gebete weniger perfekt.

Auch wenn unser privates Gebet tugendhaft und notwendig ist, reicht es allein also nicht aus. Wo findet man also das vollkommene Gebet? Man findet es in der Religion, die Jesus gegründet hat, in der katholischen Kirche. Insbesondere ist es in der Heiligen Messe zu finden. Und warum? Wie Pater Edmund McCaffrey, der ehemalige Abt der Abtei Belmont in der Nähe von Charlotte, North Carolina, zu sagen pflegte: „Die Heilige Messe ist Gottes Wirken, in der Gott sich Gott als Opfer anbietet. Alles, was Gott anbietet, ist vollkommen, und in der Heiligen Messe sehen wir die vollkommene Anbetung, die dem Vater durch den Sohn und dem Heiligen Geist dargebracht wird."

In der Heiligen Messe erleben wir, wie sich Gottes großer Plan der Heilsgeschichte vor unseren Augen abspielt. Wir werden Zeuge eines Musters von exitus et reditus, von Hinausgehen und Hereintreten [bei Ratzinger: Auskehr-Einkehr; Abstieg-Aufstieg]. Darauf werde ich in den nächsten Abschnitten noch näher eingehen. Doch für den Moment genügt es zu sagen, dass dieser lateinische Begriff grob übersetzt bedeutet: „Alles geht von Gott aus; alles wird zu Gott zurückkehren.“ Gott, der Sohn, kommt aus der Dreifaltigkeit in die Welt, zuerst durch die Bündnisse, die Er mit den Menschen geschlossen hat, und dann schließlich durch die Menschwerdung (exitus), und Er kehrt dann zum Vater zurück als das Lamm, das geschlachtet wird (reditus).

Es gibt jedoch einen großen Unterschied, wenn Er wiederkommt: Jesus trägt uns dann auf Seinen Schultern, so wie der Hirte seine entlaufenen Schafe nach Hause in Sicherheit trägt. Jesus kehrt zum Vater zurück, aber Er nimmt uns dann wieder in unserer erlösten Menschheit mit zurück. Nach dem Sündenfall von Adam und Eva waren wir zerbrochen, aber jetzt werden wir geheilt und geheiligt. Nach der Erlösungstat Christi am Kreuz zieht Er uns alle durch die Sakramente zu sich, indem Er uns Seinen Leib und Sein Blut anbietet, die für uns als Strafe für unsere Sünden vergossen wurden.

Erinnern wir uns, dass wir vom hl. Paulus lernten, dass die Strafe für die Sünde der Tod ist. Jesus hat diese Strafe bezahlt und ist dann auferstanden, um den Tod zu besiegen, so dass wir jetzt das Leben in Ihm haben können. Das ist einer der Hauptgründe, warum Jesus am Kreuz gestorben ist: Er hat die ultimative Schuld bezahlt, damit wir, wenn wir mit Ihm vereint sind, dies nicht tun müssen. Christus hat uns nicht nur vor diesem Schicksal des ewigen Todes bewahrt, indem Er für uns am Kreuz gestorben ist, sondern Er ist auch auferstanden, um den physischen Tod zu besiegen, so dass dieser keine Macht mehr über uns hat. Er kehrt zum Vater zurück als Opfer für uns, nachdem Er Seine Göttlichkeit mit unserer Menschlichkeit verbunden hat, und Er erhebt uns zur Teilhabe am göttlichen Leben der Dreifaltigkeit! Während der Heiligen Messe sind wir durch die Kraft des Heiligen Geistes dabei, wenn Christus Seine Selbstopfergabe, mit uns vermählt, dem Vater darbringt, um für unsere Sünden und die Sünden der ganzen Welt zu sühnen.

Wenn ihr zur Heiligen Messe kommt und aufmerksam zuhört, an wen richten sich denn die Gebete der Heiligen Messe? Die meisten Menschen würden antworten: „an Jesus". Aber die Antwort ist eigentlich: an den *Vater*. Wer richtet diese Gebete an den Vater? Jesus. Liest Jesus also aus dem Messbuch vor? Nein, das macht der Priester. Dieser Priester handelt in *persona Christi*, in der Person von Christus. Er ist ein *alter Christus*, ein anderer Christus. Diese Stellvertretung ermöglicht es, das wahre Opfer darzubringen.

Viele Menschen fragen, was der „Höhepunkt" der Heiligen Messe ist. Die meisten würden antworten: „die Konsekration". Andere, wie der hl. Maximilian Kolbe, würden sagen, dass der Höhepunkt der Heiligen Messe der Empfang der hl. Kommunion ist.[1] Aber wenn ihr Pater Michael Gaitleys *The One Thing is Three* gelesen habt (und einige Theologen stimmen mit ihm überein), dann ist der Höhepunkt der Heiligen Messe, der „höchst verdichtete Moment", der Teil, den die Kirche die „abschließende Doxologie" nennt.

Die abschließende Doxologie ist das Gebet, das gesprochen wird, wenn der Priester in der Person Christi die Patene und den Kelch nimmt, sie erhebt und sagt: „Durch Ihn und mit Ihm und in Ihm ist Dir, Gott, allmächtiger Vater, in der Einheit des Heiligen Geistes, alle Herrlichkeit und Ehre, jetzt und in Ewigkeit." Was geht hier vor sich? Gott, der Sohn, wird durch die Kraft des Heiligen Geistes Gott, dem Vater, in vollkommener, selbstaufopfernder Liebe dargebracht.

Es sei darauf hingewiesen, dass Christus nicht nur ein passiver Teilnehmer an dieser Opfergabe ist. Er ist derjenige, der opfert, und derjenige, der geopfert wird, alles durch die Kraft des Heiligen Geistes. Warum muss dieses Opfer dargebracht werden? Noch einmal: Die Strafe für die Sünde ist der Tod, aber jetzt bezahlt Christus diese Schuld. Da Gott außerhalb der Zeit steht (für Gott gibt es keine Vergangenheit oder Zukunft, sondern nach dem hl. Thomas von Aquin nur einen „ewigen, gegenwärtigen Augenblick"),[2] seid ihr auf mystische Weise auf dem Kalvarienberg dabei, wenn Jesus die „Todesstrafe" für eure Sünden bezahlt. Deshalb steht in jeder katholischen Heiligen Messe ein Kruzifix auf dem Altar, das den Leib Christi trägt.

Ihr befindet euch nicht in einem Theaterstück oder in der Aufführung eines dramatischen Ereignisses der Menschheitsgeschichte, sondern ihr seid bei dem dramatischsten Ereignis dabei, das die Menschheit je erlebt hat. Ihr steht am Fuße des Kreuzes, wo Jesus an eurer Stelle stirbt, um die Schuld zu bezahlen, die ihr nicht begleichen konntet, damit ihr frei sein und das ewige Leben haben könnt. Die Heilige Messe ist kein Akt, der das Opfer Christi darstellt, sie ist eine Wiederholung des Opfers Christi, und wir sind aktive Teilnehmer an diesem letzten Opfer. Deshalb müssen wir bei der Heiligen Messe mehr tun als nur „anwesend sein" – wir müssen aktiv teilnehmen!

In seinem Buch *Der Geist der Liturgie* erklärt Joseph Kardinal Ratzinger (der spätere Papst Benedikt XVI.), dass in der Heiligen Messe Himmel und Erde wie zu keiner anderen Zeit miteinander verbunden sind. Die Engel und Heiligen steigen auf und ab und die „heilige Zeit“ (Gottes Zeit) verbindet sich mit der „irdischen Zeit“ (unserer Zeit). Bei der Heiligen Messe seid ihr geistig auf Golgota anwesend, wenn das eine Opfer Christi für die Erlösung der Menschheit stattfindet.[3] Obwohl ihr im 21. Jahrhundert physisch in einer Kirchenbank sitzt, seid ihr geistig im größten Moment aller Zeiten anwesend, nicht nur in den letzten 2000 Jahren, sondern seit Beginn der Zeit!

Ratzinger erklärt:

> Wenn so Vergangenheit und Gegenwart sich durchdringen, wenn das Wesentliche des Vergangenen gar nicht einfach vergangen, sondern weiterreichende Kraft der sich folgenden Gegenwart ist, dann heißt das, dass auch die Zukunft in diesem Geschehen [in der Liturgie] anwesend ist, … Vergangenheit, Gegenwart und Zukunft durchdringen sich und berühren Ewigkeit.[4]

Die Heilige Messe ist so folgerichtig, so ewig bedeutsam, dass die gesamte Schöpfung in diesem Augenblick anwesend ist. Deshalb freuen sich unsere Schutzengel, wenn ihre Schützlinge physisch an der Heiligen Messe teilnehmen, denn dort können sie auch an dieser vollkommenen Anbetung Gottes im Himmel teilnehmen. Die Mystiker sagen uns, dass unsere Schutzengel im Moment der Konsekration alle um den Altar knien und Gefäße halten. Und was ist in diesen Gefäßen? Das, was ihr hineingelegt habt: eure Hoffnungen, eure Freuden, eure Leiden, eure Schmerzen usw. Das ist die Gabe, die bald mit Christus am Kreuz vereint und in der Kraft des Heiligen Geistes während der abschließenden Doxologie dem Vater zurückgegeben wird. Jetzt könnt ihr verstehen, warum eure privaten Gebete gut sind, aber diese Gebete, die mit dem vollkommenen Opfer des Sohnes an den Vater vereint sind, sind *vollkommen.*

Das Hochzeitsmahl

Diese unglaubliche Realität geht sogar noch tiefer, nämlich in eine bräutliche Bedeutung. Die frühen Kirchenväter beschrieben die Heilige Messe oft als eine Hochzeit Christi mit Seiner Braut, der Kirche (uns), im himmlischen Hochzeitsmahl des Lammes. Vielleicht fragt ihr euch: „Aber warum denn? Bin ich nicht schon mit meinem einzigen wahren Ehepartner für alle Ewigkeit verheiratet? Sein Name ist Frank." Erinnert euch: Als ihr mit eurem Ehepartner verheiratet ward, ward ihr in irdischer Hinsicht verheiratet. Aber wird es im Himmel eine „Ehe" auf diese Weise geben? Nein. Jesus sagt uns, dass es im Himmel keine Ehe geben wird (siehe Mt 22,30). Das mag einige Menschen traurig machen (und leider auch andere glücklich machen!), aber sehen wir uns an, warum das so ist.

Hoffentlich kennt ihr bereits die drei „Ziele" der Ehe. Eines davon ist die Fortpflanzung, d.h. die Offenheit für das Leben und die Zeugung von Kindern als Frucht der Liebe zwischen den Eheleuten. Im Himmel braucht es keine Fortpflanzung zu geben, denn dort gibt es keinen Tod mehr; jeder im Himmel wird in alle Ewigkeit leben.

Das zweite Ziel der Ehe ist die Vereinigung. Die Eheleute haben Anteil an dem unglaublichen Geschenk des ehelichen Aktes, bei dem zwei Menschen „ein Fleisch werden" (Mk 10,8) und der Bund Gottes erneuert wird. Auf der Erde seid ihr mit eurem Ehepartner in besonderer Weise verbunden, aber im Himmel werdet ihr mit der Liebe selbst, mit Gott, in einer noch innigeren Weise verbunden sein. Im Himmel wird es keine Notwendigkeit mehr für sexuelle Beziehungen geben, weil es keine Notwendigkeit mehr gibt, sich fortzupflanzen, und dort werden wir die endgültige Vereinigung mit Gott haben.

Das dritte und wichtigste Ziel der Ehe besteht darin, dass ihr und euer Ehepartner sich durch lebenslange gegenseitige Liebe gegenseitig helft, in den Himmel zu kommen. Das bedeutet, das Gute mit dem Schlechten zu akzeptieren. Wenn ihr also das nächste Mal denjenigen, den ihr geheiratet habt, als ein „Kreuz" seht, freut euch! Denn wir können nur durch das Kreuz in den Himmel kommen, und manchmal sind die Kreuze, die unsere Lieben uns tragen lassen, Gottes Weg, uns zu reinigen, zu heiligen und in der Tugend zu erziehen, damit wir das ewige Leben erben können, indem wir unseren Willen kraftvoll und aufopfernd aufgeben. Wie die beiden anderen Ziele wird auch dieses im Himmel nicht benötigt, da euer

Ehepartner entweder mit euch dort ist oder nicht, und das für alle Ewigkeit (wir beten für das Erstere).

Im Himmel gibt es also keinen Bedarf für eine Ehe, wie wir sie hier auf der Erde kennen, weil ihr im Himmel die ultimative Ehe mit dem ultimativen Bräutigam haben werdet – Gott selbst. Auf eindrucksvolle Weise gibt uns Gott jedoch schon hier auf der Erde einen Vorgeschmack darauf: das Hochzeitsmahl des Lammes – die Heilige Messe. In der Heiligen Messe vereinigt sich Gott mit uns auf die intimste Weise, die möglich ist, während wir noch auf der Erde sind.

In der Heiligen Schrift bezeichnet sich Christus oft als „Bräutigam", z.B. im Gleichnis von den zehn Jungfrauen (siehe Mt 25,1-13). An anderer Stelle in der Heiligen Schrift wird Jesus gefragt, warum Er und Seine Jünger nicht fasten. Er antwortet: „Können denn die Hochzeitsgäste trauern, solange der Bräutigam bei ihnen ist? Es werden aber Tage kommen, da wird ihnen der Bräutigam weggenommen sein; dann werden sie fasten" (Mt 9,15). Viele der Kirchenväter haben diese unglaubliche Liebe beschrieben, die Christus, der Bräutigam, mit Seiner Braut, der Kirche, teilt.

Wenn ihr bei jeder Heiligen Messe den Gang der Kirche hinaufgeht, um die hl. Kommunion zu empfangen, könnt ihr dies als euren Hochzeitsmarsch betrachten. Bei jeder katholischen Hochzeit, wenn die schöne Braut den Gang hinaufgeht, wer wartet dann am Altar auf sie? Ihr Bräutigam. Er sieht die schönste Ehefrau, die er sich nur vorstellen kann, auf sich zukommen. Im Sakrament der Ehe werden die beiden dann eins; sie werden am Altar geistlich vereint. Nach der Hochzeit wird die Ehe vollzogen, wenn der Bräutigam buchstäblich in die Braut eingeht und die beiden „ein Fleisch werden".

Wenn ihr in der Heiligen Messe zum Fuß des Altars geht, begegnet ihr auf noch tiefere Weise eurem Bräutigam, Christus, der buchstäblich leibhaftig auf euch wartet. In dieser intimsten und übernatürlichen Vereinigung, wenn der wahre Bräutigam in der hl. Kommunion in euch, die Braut, eingeht, wird eure Vereinigung mit Christus vollendet!

Das ist der Sinn der Heiligen Messe! Sie ist eine heilige Zeremonie. Sie ist wunderschön. Bei der Heiligen Messe geht es nicht nur darum, zu stehen, zu sitzen oder zu knien. Bei der Heiligen Messe geht es darum, sich auf dieses unglaubliche Geheimnis einzulassen. Was die katholische Kirche von allen anderen Religionen der Welt unterscheidet, sind die Sakramente. Die Sakramente sind nicht nur Symbole. Sie sind ein Mittel, mit dem Gott Seine Liebe, Seine Barmherzigkeit austeilt. Mit anderen Worten: Sie tun etwas! Die Sakramente „tun", was sie symbolisieren – sie „verleihen die Gnade, die sie bezeichnen" (*Katechismus der Katholischen Kirche (KKK)* 1127). Der *Katechismus* sagt uns, dass die Sakramente „von Christus eingesetzt und der Kirche anvertraute wirksame Zeichen der Gnade sind, durch die uns das göttliche Leben gespendet wird" (*KKK* 1131). Etwas Unglaublicheres gibt es nicht!

Wir haben die hl. Kommunion, die den Leib, das Blut, die Seele und die Gottheit Jesu enthält, damit Christus ganz in uns eingehen und in uns leben kann. Wenn wir für diese Gnade offen sind und sie bereitwillig empfangen, kann sie uns wirklich verwandeln und uns zu einem anderen Christus formen. Das unterscheidet uns von unseren protestantischen Brüdern, von denen viele glauben, dass wir einfach schneebedeckte „Misthaufen“ sind und Gottes Gnade uns einfach zudeckt, während wir sozusagen im Kern verrotten. Die Katholiken hingegen glauben, dass Gottes Gnade uns wirklich verwandelt – sie heiligt uns und macht uns heilig. Wie geschieht das? Das werden wir jetzt sehen.

Gottes drei große Taten der Barmherzigkeit

Unser Weg, um zu Gott heimzukehren, der Weg, der von Gott selbst festgelegt wurde, führt über die Sakramente der katholischen Kirche. Unser ganzer Glaube lässt sich symbolisch als ein Kreis zusammenfassen. Wie bereits erwähnt, ist dieser Kreis das, was Thomas von Aquin *„exitus et reditus“* nannte. In Bezug auf die Heilsgeschichte verläuft der Kreis unseres Glaubens folgendermaßen: Alles kam von Gott (Schöpfung), aber es wurde nach dem Sündenfall im Garten Eden beschädigt. Christus hat durch Seinen Tod am Kreuz die notwendige Reparatur vorgenommen (Erlösung) und nun kehren wir schließlich repariert zu Gott zurück (Heiligung).

So können wir nun alle Taten der Barmherzigkeit Gottes zu Seinen *größten Taten der Barmherzigkeit* zusammenfassen. Man könnte sie gewissermaßen als Gottes „Größtes Hit-Album“ bezeichnen, wenn ich so grob sein darf, um dieses Konzept in populärer Terminologie zu erklären.

Beginnen wir also mit Gottes erster großer Tat der Barmherzigkeit: *die Schöpfung*. Ich kam von Gott, ihr kamt von Gott, wir alle kamen von Gott. Wenn wir diese wunderbare

Realität noch tiefer betrachten, sehen wir, dass wir diese *erste* große Tat der *Ersten* Person der Dreifaltigkeit zuschreiben können: Gott dem Vater.

Leider brauchte der Mensch, der Höhepunkt von Gottes Schöpfung, keine Zeit, um sich in Schwierigkeiten zu bringen. Obwohl sie unsere Eltern waren, waren Adam und Eva so etwas wie eure eigenen Kinder, wenn ihr ihnen ein neues Spielzeug schenkt. Oft machen sie es innerhalb weniger Minuten kaputt und genau das geschah im Garten Eden beim Sündenfall des Menschen.

Der Mensch, der sich in einem Zustand der Gnade befand, verlor seine übernatürlichen (geistigen) Gaben und fiel aus der Gnade, wurde „zerbrochen" und brachte die *Begehrlichkeit* hervor – die ständige Neigung, nun gegen Gott und den Nächsten zu rebellieren. Diese Sünde war die Folge davon, dass der Mensch seinen Blick von seinem Schöpfer abwandte und sich nach innen richtete, indem er nicht mehr auf Gott, sondern nur noch auf sich selbst vertraute (vgl. *KKK* 397).[5] Anstatt Gott und einander vollkommen zu lieben, mussten Adam und Eva (und alle nachfolgenden Menschen) nun die neue Realität des Misstrauens, der Begehrlichkeit und der Gebrochenheit ertragen. Die Menschheit brauchte nun einen Erlöser, um sich aus diesem gefallenen Zustand zu befreien.

Diese erste Sünde machte den zweiten großen Akt der Barmherzigkeit Gottes notwendig: *die Erlösung*. Mit diesem Akt der Barmherzigkeit musste Gott eingreifen, um das Chaos zu beheben, das der Mensch angerichtet hatte. Zwischen Gott und den Menschen klaffte nun eine große Kluft, die es zu überwinden galt. Aber wir können ein großes Dilemma erkennen: Da diese Beziehung durch den Menschen zerbrochen wurde, sollte der Mensch derjenige sein, der sie wieder in Ordnung bringt. Doch die Kluft war so tief, dass der Mensch nicht in der Lage war, sie zu überwinden. Diese massive Übertretung überstieg seine Fähigkeit zur Versöhnung; in Wirklichkeit konnte nur Gott sie in Ordnung bringen. Nur Gott wäre in der Lage, die Wunde zu heilen. Aber Gott hat die Wunde nicht geschaffen, was sollte man also tun? Die Antwort: Jesus, Gott und Mensch zugleich, *der Gottmensch*. Zusammenfassend lässt sich sagen, dass Gottes erster großer Akt der Barmherzigkeit darin bestand, uns zu erschaffen; dann wurden wir zerbrochen, so dass Sein *zweiter* großer Akt der Barmherzigkeit darin bestand, Seinen Sohn, die *Zweite* Person der Dreifaltigkeit, zu senden, um uns zu heilen. Jesus Christus hat uns erlöst.

Der Schlüssel dazu ist, dass wir bereit sind, uns von diesem Geschenk der erlösenden Gnade verwandeln zu lassen, dass wir heilig werden, wie unser himmlischer Vater heilig ist, damit wir voll und ganz am göttlichen Leben Gottes teilhaben können. In der dritten, letzten und in gewisser Weise größten Tat der Barmherzigkeit kam also die *Dritte* Person der Dreifaltigkeit, der Heilige Geist, um uns zu weihen und uns heilig zu machen, damit wir ohne Makel und Flecken zu Gott, dem Vater, zurückkehren können. Wir nennen diesen dritten großen Akt der Barmherzigkeit *Vergöttlichung* oder *Heiligung*.[6]

Manche Menschen fragen: „Pater, wann findet unsere Heiligung statt? Bei unserer Taufe?" Ja, in vielerlei Hinsicht. Wir werden in der Taufe vergöttlicht, indem wir „der göttlichen Natur teilhaftig" (vgl. 1 Petr 3,21; 2 Petr 1,3-4) und damit zu adoptierten Söhnen und Töchtern Gottes werden. Manche würden sagen, dass dies geschieht, wenn wir sterben und in den Himmel kommen, um die seligmachende Vision zu sehen. Ja, auch das ist in vielerlei Hinsicht wahr. Dort erblicken wir das Antlitz Gottes selbst und haben für alle Ewigkeit vollen Anteil am göttlichen Leben Gottes.

Die Heilige Messe weiter erklärt

Aber wo geschieht diese Vergöttlichung in jeder Minute eines jeden Tages, irgendwo auf der Welt? Antwort: in der Heiligen Messe. Das geschieht während der Konsekration, während der abschließenden Doxologie und wenn wir die hl. Kommunion empfangen. Es ist Gottes wunderbare Bestimmung, uns heilig zu machen, uns zu weihen durch die Erlösungstat Christi. Wir kehren zu dem Vater zurück, von dem wir gekommen sind, in einem viel besseren Zustand – einem Zustand voller Gnade. Wunderbar! An diesem ewigen Opfer teilzuhaben, ist das Größte, was ihr in eurem ganzen Leben tun könnt! Wenn wir Katholiken wirklich wüssten, was während der Heiligen Messe geschieht, würden wir niemals die Heilige Messe versäumen; wir würden uns in der Heiligen Messe niemals langweilen; und wir würden uns mit Begeisterung auf die nächste Gelegenheit zum Besuch der Heiligen Messe stürzen!

Deshalb müssen wir uns der Bedeutung des Messbesuches bewusst sein – wir sind auf mystische Weise auf dem Kalvarienberg anwesend, wenn Christus unsere Schuld am Kreuz bezahlt, damit wir geheiligt und darauf vorbereitet werden, in das göttliche Leben mit unserem Schöpfer einzutreten. Durch die Heilige Messe und die Sakramente werden wir vergöttlicht und nehmen so umfassend wie möglich an Gottes göttlichem Leben teil, während wir auf der Erde sind.

Es frustriert mich, wenn ich höre, wie sich Menschen beschweren: „Pater, ich gehe nicht zur Heiligen Messe, weil ich nichts davon habe.“ Ich antworte dann immer: „Wie kannst du denn nichts davon haben? Das ist die Gnade, die du für das ewige Leben brauchst! Anstatt dich in der Heiligen Messe zu langweilen, lege dich betend auf die Patene. Vereinige dich mit dem Opfer Jesu, des Sohnes, an Gott, den Vater, durch die Kraft des Heiligen Geistes. Verbinde dich mit dem Kreuz, selbst wenn du dich an den Füßen Christi festhalten musst, wenn Er zum Vater im Himmel zurückkehrt. Lass dir dieses unglaubliche Geschenk, das Jesus dir macht, nicht entgehen!“

Das ist der Sinn der Heiligen Messe. Die Kirche und ihre Sakramente sind die gewöhnlichen Mittel, mit denen die Göttliche Barmherzigkeit in der Welt wirkt, und deshalb hasst der Teufel die katholische Kirche. Er hasst die katholischen Priester und arbeitet unermüdlich daran, sie zu vernichten. Er hasst die Sakramente und ganz besonders hasst er die Göttliche Barmherzigkeit. Und warum? Weil wir, wenn wir auf Jesus vertrauen und die Sakramente, insbesondere die Versöhnung und die hl. Kommunion, empfangen, Gottes Barmherzigkeit in vollem Umfang und auf garantierte Weise erhalten.

Wenn wir zum Sakrament der hl. Beichte gehen und die Absolution erhalten, müssen wir uns nicht fragen: „*Ist mir vergeben?* Ist mir *vielleicht* vergeben? Ich *hoffe*, dass mir vergeben wird!“ Die Vergebung ist euch garantiert, oder Jesus ist ein Lügner! (siehe Mt 16,19; 18,18; Joh 20,23). Wenn ihr zur hl. Kommunion geht, müsst ihr euch auch nicht fragen: „Ist das wirklich Christus in der hl. Eucharistie? Wohnt Jesus wirklich in mir, nachdem ich die hl. Kommunion empfangen habe?“ Wenn nicht, dann ist Jesus ein Lügner (siehe Joh 6,32-58), und das wird niemand behaupten!

Ich erkläre meinen Schülern in der siebten Klasse im Katechismusunterricht oft die Bedeutung der Heiligen Messe anhand einer anschaulichen Geschichte. Ich sage den Kindern: „Ihr seid alt genug, um das zu verstehen, und hoffentlich wird keiner von euch jemals in diese Lage kommen, aber ich möchte, dass ihr einen Moment über etwas nachdenkt. Was passiert, wenn ihr ein schreckliches Verbrechen begeht?“ Sie antworten alle: „Man wird verhaftet.“ Dann frage ich sie: „Was passiert dann?“ Sie antworten immer: „Man kommt in den Knast.“ Das stimmt, aber sie vergessen etwas: Man muss zuerst vor den Richter treten.

Stellt euch vor, dass ihr jetzt gerade vor Gott, dem gerechten Richter, steht. So wird es auch am Ende eures Lebens sein, bei eurem besonderen Gericht. Ihr werdet vor den Thron Gottes treten und leider werdet ihr ganz allein sein. Ihr werdet keinen Ehepartner, keinen Sohn, keine Tochter, keine Mutter, keinen Vater, keinen Bruder und keine Schwester bei euch haben. Ihr werdet ganz allein sein. Dann stellt euch vor, wie Er euer sprichwörtliches *Vorstrafenregister* hervorholen kann, in dem jede Kleinigkeit aufgelistet ist, die ihr jemals in eurem Leben richtig oder falsch gemacht habt.

Dieser „Richter“ hat das Recht, euch für jede Übertretung, jeden Ungehorsam und jede Unterlassung, bei der ihr es versäumt habt, zum Wohle eurer selbst und der Gesellschaft zu handeln, zur Rechenschaft zu ziehen – das heißt im Grunde für alle eure Sünden. Was als Nächstes passieren könnte, ist intensiver als jedes Gerichtsdrama im Fernsehen.

Wenn ihr eure Sünden gebeichtet habt, kann der Satan (der Staatsanwalt) sie während des Prozesses nicht mehr gegen euch vorbringen, um euch zu verurteilen. Allerdings kann auch der Sühnetod Christi keine Sünden vollständig abdecken, die ihr nicht vollständig bereut habt oder die euch nicht zutiefst leidtun, d.h. an denen ihr in irgendeiner Weise hängengeblieben seid. Um die Auswirkungen dieser Sünden, die den Leib Christi vernarbt haben, wiedergutzumachen, solltet ihr Buße getan und Wiedergutmachung geleistet haben, vielleicht durch Fasten oder kleine Opfer aus eigenem Willen. Wenn man das nicht getan hat, wird man im Fegefeuer gereinigt werden müssen.

Leider werden wahrscheinlich viele Menschen mit *ungebeichteten* Sünden vor den Richterstuhl treten. Jetzt kann es ein wenig ernster werden. Wir sind Sünder, und deshalb hat Gott als der gerechte Richter jedes Recht zu sagen: „Gemäß deinem Vorstrafenregister hast du das schlimmstmögliche Verbrechen begangen." Wie wir schon sagten, ist das schlimmste Verbrechen, was möglich ist, die Sünde, weil sie ein Verbrechen gegen Gott ist. Dieser Richter könnte euch mit Recht ansehen und sagen: „Du hast diese schrecklichen Verbrechen begangen. Deine Strafe ist der *Tod*." Ja, wir alle haben die „Todesstrafe" verdient – und was ist der ultimative Tod? Die Trennung von Gott für alle Ewigkeit in der Hölle.

Ihr (und die ganze Menschheit) verdient den Tod für eure Verbrechen, auf ewig. Aber stellt euch noch einmal vor, ihr stündet vor dem Richter. Ihr sitzt dort. Ihr seid verzweifelt. Plötzlich erhebt sich der Richter vom Richterstuhl. Er kommt und stellt sich neben euch und er wirft euch den schönsten Blick der Liebe zu. (Denkt daran, dass ich euch nur eine Analogie aus der siebten Klasse gebe. Das ist kein Kirchendogma.) Der Richter sagt: „Sei in Frieden, mein Sohn, ich werde deinen Platz einnehmen. Nimmst du mein Angebot an?" Hier haben unsere protestantischen Brüder und Schwestern recht: Ihr müsst bekennen: „Ja, ich nehme dich, Jesus Christus, als meinen persönlichen Herrn und Retter an." Das ist das unglaublichste freie Geschenk Gottes, aber wir müssen es im Glauben annehmen.

Man kann nicht einfach antworten: „Danke, Mann. Tut mir leid, dass du das alles durchmachen musst, aber ich bin weg!" Nein, man muss dieses Geschenk mit ganzem Herzen und ganzer Seele annehmen. Die Protestanten haben das erkannt. Aber das Problem ist, dass sie genau hier aufhören (viele von ihnen; natürlich nicht alle). Viele dieser wunderbaren nicht-katholischen Brüder von uns verkünden: „Das ist alles. Das ist alles, was ihr tun müsst – bekennt euch einfach zu Jesus als eurem persönlichen Herrn und Erlöser und ihr werdet gerettet werden."

Wir Katholiken glauben jedoch anders. Ja, wir müssen die Gabe des Glaubens durch die rettende Liebe Christi empfangen, aber dann müssen wir sie auch nutzen. Wir empfangen Seine heiligmachende Gnade in unseren Herzen, um echte Werke der Liebe zu tun – die uns natürlich weiter heiligen!

Deshalb schreibt der hl. Paulus, dass nichts, was wir tun, für unsere endgültige Erlösung zählt außer „dem Glauben, der durch die Liebe wirkt“ (Gal 5,6).

Der hl. Paulus sagt uns, dass der Glaube ohne Liebe (*Werke* im katholischen Sinne) nichts ist und uns nicht retten kann (siehe 1 Kor 13,2). Bei Jakobus 2,24-26 heißt es: „Ihr seht, dass der Mensch aus Werken gerechtfertigt wird und nicht aus Glauben allein. … Denn wie der Körper ohne den Geist tot ist, so ist auch der Glaube ohne Werke tot.“ Hier bezieht er sich auf „Werke der Liebe“, nicht auf Werke des Gesetzes.

Um diese Werke der Liebe zu vollbringen, müssen wir zuerst Gottes Liebe annehmen. Manche Menschen nehmen Jesus vielleicht nicht einmal in ihren letzten Momenten an, weil sie nicht richtig darauf vorbereitet sind, Seine Gnade zu empfangen. Ohne eine außergewöhnliche Gnadenerweisung stirbt man in dem Zustand, in dem man gelebt hat. Wenn ihr Gott euer ganzes Leben lang abgelehnt habt, seid ihr vielleicht nicht in der Lage, in diesem kritischen Moment „Ja“ zu Gottes Barmherzigkeit zu sagen, vor allem, wenn ihr euch nicht in einem Zustand der Gnade befindet. Dieses große Bedürfnis nach Gottes Gnade in der Stunde des Todes ist der Grund, warum wir für diejenigen beten müssen, die im Zustand der Sünde gestorben sind, und es unterstreicht die Bedeutung des Empfangs der Sakramente in diesem Leben, damit wir uns im Zustand der Gnade befinden können, wenn wir sterben.

Nicht der Richter bestimmt unser Schicksal: Wir tun es!

Nun zurück zu unserem Szenario. Ihr steht vor dem gerechten Richter und Er fragt euch: „Nimmst du dieses Angebot der Gnade an?" Ihr antwortet: „Ja!" Wer würde das nicht tun? Könnt ihr jetzt gehen? Nicht ganz. Der Richter wird zu euch sagen: „Okay. Um die Einzelheiten auszuarbeiten, müssen wir uns am Sonntagmorgen um 8 Uhr, 10 Uhr oder 12 Uhr wieder treffen." Ihr wisst, wovon ich spreche – von der Heiligen Messe! Hier können wir den größten Akt der Liebe vollbringen – unsere Liebe zu Gott, unserem Schöpfer, zeigen, indem wir Ihn auf die vollkommenste Weise verehren, die möglich ist. Aber zuerst müssen wir die vollkommene Liebe, die Er uns anbietet, annehmen.

In der Heiligen Messe können wir dieses Geschenk der tatsächlichen Gnade, das uns angeboten wird, „aktiv" annehmen und nicht nur bekennen, dass wir es annehmen. Erinnern wir uns daran, dass Jesus sagte: „Nicht jeder, der zu Mir sagt: Herr! Herr!, wird in das Himmelreich kommen" (Mt 7,21). Dies ist die Grundlage der katholischen Lehre. Ihr habt die Wahl. Entweder ihr könnt ewig sterben oder ihr könnt das Geschenk dessen annehmen, der für euch gestorben ist. Was davon wollt ihr? Jesus hat die Strafe für uns alle bezahlt, so dass wir uns alle dafür entscheiden können, dieses Geschenk anzunehmen, wenn wir es wünschen.

Im Grunde sagt uns Jesus, dass der Weg zur Erlösung durch Ihn und durch Sein Opfer in der Heiligen Messe führt. Und warum? Wenn man bedenkt, dass die Heilige Messe ein

Hochzeitsmahl ist und wir bei unserer eigenen Hochzeit anwesend sein müssen, reicht ein anderes Beispiel aus, um diese Frage zu beantworten.

Erinnern wir uns an das Hochzeitsmahl im Matthäus-Evangelium (siehe Mt 22,1-14). In diesem Gleichnis plant ein König ein Festmahl, um die Hochzeit seines Sohnes zu feiern. Er schickt seine Diener aus, um die Eingeladenen zu sich zu rufen, aber sie kommen nicht (siehe Mt 22,1-3). Er schickt weitere Diener, um ihnen eine zweite Chance zu geben, aber sie verschmähen die Einladung und gehen ihren Beschäftigungen nach, „einer auf seinen Acker, der andere in seinen Laden“ (Mt 22,4-5).

Was geschieht dann? Der König beschließt, dass die Gäste, die er eingeladen hatte, seiner Großzügigkeit nicht würdig waren, und schickt seine Diener auf die Straße, um so viele Menschen wie möglich einzuladen (siehe Mt 22,8-9). Die ursprünglich Eingeladenen haben sich entschieden, das angebotene Geschenk zu verschmähen, und bleiben schließlich ganz außen vor.

Die Lektion für uns ist, dass wir, insbesondere getaufte Katholiken, diese eingeladenen Gäste sind. Und wenn wir dem Fernsehen, dem Einkaufen, dem Fußballtraining oder dem Fußballspiel den Vorzug vor dem sonntäglichen Besuch der Heiligen Messe geben, sind wir genau wie die Männer im Evangelium, die das größte Geschenk, das je angeboten wurde, ablehnten, um sich weltlichen Aktivitäten zu widmen. Die Warnung, den Schwerpunkt nicht auf das Zeitliche, sondern auf das Ewige zu legen, findet sich in der ganzen Heiligen Schrift.

Wir sind zur schönsten Hochzeit der Welt eingeladen worden. Das Schlimmste, was wir je tun könnten, ist, diese Einladung auszuschlagen. Wenn wir das tun, könnten wir am Ende unseres Lebens wie die unglücklichen Menschen enden, zu denen Jesus sagt: „Ich weiß nicht, woher ihr seid" (Lk 13,25). Wir könnten aus dem Himmel ausgeschlossen werden, während diejenigen, die Jesu Einladung zum ewigen Leben angenommen haben, Seine Gegenwart für immer genießen (siehe Lk 13,28).

Denkt daran, dass die Schrift sagt: „Wem viel gegeben wurde, von dem wird viel zurückgefordert werden" (Lk 12,48). Lehnt also nicht das wertvollste Geschenk ab, das euch jemals angeboten wird. Und tappt nicht in die Falle, zu sagen: „Dann gib es mir nicht; ich will diese Verantwortung nicht! Lass mich wie die unwissenden Menschen sein, die Gott nicht kennen und trotzdem gerettet werden können, wie der Pygmäe im Regenwald."

Leider (oder zum Glück) funktioniert das so nicht. In der heutigen modernen Welt, vor allem im Westen, haben nur wenige eine Entschuldigung dafür, dass sie nicht wissen, wer Jesus ist, also können wir uns nicht auf Unwissenheit berufen – und das sollten wir auch nicht wollen. Wir sollten alle danach streben, Christus, die Quelle der Liebe und Barmherzigkeit, kennenzulernen.

Warum sollten wir eine solche Einladung jemals ausschlagen wollen? Geht zur Heiligen Messe, wie der Richter gesagt hat, denn in der Heiligen Messe erlebt ihr einen Vorgeschmack des Himmels. Auch wenn die Kreuzigung Christi 2000 Jahre zurückliegt, seid ihr auf mystische Weise dabei. Dies ist eure Erlösung. Dies ist euer Ticket. Die Barmherzigkeit Gottes zeigt sich am stärksten in der Heiligen Messe: deshalb müssen wir alles tun, was wir können, um daran teilzunehmen, physisch und geistig.

Wir alle wissen, dass Christus die Heilige Messe beim Letzten Abendmahl eingesetzt hat. Aber was ist mit all den Menschen, die vor dieser Zeit gelebt haben – haben sie die Barmherzigkeit Gottes empfangen? Ja, die Göttliche Barmherzigkeit ist in der gesamten Heilsgeschichte präsent. In der Tat reicht ihre Präsenz in der Geschichte bis zum Beginn der Zeit zurück und wurde sogar im Garten Eden ganz deutlich sichtbar.

Anders als Adam und Eva, kennt eure ABCs!

Wenn wir betrachten, was Adam und Eva getan haben, um ein solches Chaos für künftige Generationen zu schaffen, könnten wir danach trachten (Wortspiel beabsichtigt), einfach zu sagen: „Sie haben gesündigt.“ Ja, das ist wahr. Aber so schlimm das auch war, es war nicht der schlimmste Teil. Was *nach* ihrem Sündenfall geschah, war vielleicht noch problematischer.

Haben Adam und Eva jemals um Gottes Gnade und Vergebung *gebeten*, nachdem sie Ihm eklatant ungehorsam waren und von dem Baum gegessen hatten, der ihnen verboten war? Nein, sie sagten nicht einmal, dass es ihnen leidtat, oder baten Gott um Vergebung. Als nächstes: Entschlossen sie sich, miteinander *barmherzig* zu sein? Nein. Vielmehr schob Adam die Schuld auf Eva und sogar auf Gott, indem er kleinlaut sagte: „Die Frau, die du mir beigesellt hast, sie hat mir von dem Baum gegeben. So habe ich gegessen“ (Gen 3,12). Seitdem beschuldigen sich die Männer und Frauen gegenseitig! Haben sie schließlich auf Gott *vertraut*? Nein, sie liefen weg und versteckten sich vor Ihm.

Gott hätte Adam und Eva zu Recht auslöschen und die gesamte Zukunft der Menschheit allein aufgrund der Erbsünde vernichten können, ganz zu schweigen von ihrer mangelnden Reue danach. Zumindest hätte Er sie aus dem Garten verbannen und sie ihrem eigenen Untergang überlassen können, ohne sich um ihr Schicksal zu scheren. Ja, Gott hätte diese Dinge tun können, aber Er tat sie nicht. Stattdessen gab Er ihnen die Verheißung eines Erlösers und das Geschenk einer Mutter (siehe Gen 3,15). Außerdem zeigte Er ihnen, wie sie Seine Gnade empfangen können, und das ist so einfach wie das A-B-C.

Dank Pater George Kosicki können wir die Botschaft der Göttlichen Barmherzigkeit mit dieser praktischen Kurzformel erklären [Anm. d. Übersetzerin: Leider ist dieses Wortspiel auf Deutsch nicht möglich]:

(***A**sk*)	Bittet Gott um Seine Barmherzigkeit!
(***B**e*)	Seid barmherzig miteinander!
(***C**ompletely*)	Vertraut voll und ganz auf Gottes Barmherzigkeit!

Diese Botschaft zu kennen und zu leben, ist ein entscheidender Teil von Gottes Plan für die Menschheit und ihre Erlösung. Papst Benedikt XVI. unterstrich ihre Bedeutung, indem er sagte, die Botschaft der Göttlichen Barmherzigkeit sei der „Wesenskern des Evangeliums".[7] Wenn wir also die Göttliche

Barmherzigkeit ablehnen, lehnen wir im Grunde genommen das Evangelium ab. Das war das eigentliche Problem bei Adam und Eva, nicht nur, dass sie in Sünde fielen, sondern auch, dass sie ihr ABC nicht kannten!

Aber ist die Göttliche Barmherzigkeit nicht einfach eine Andacht und sind Andachten in der katholischen Kirche nicht freiwillig? Ja, in gewissem Sinne ist die Göttliche Barmherzigkeit eine Andacht, die Jesus der hl. Faustyna geschenkt hat (die wir in den Kapiteln 3 und 4 ausführlich beschreiben werden), aber sie ist nicht einfach eine Andacht. Die Göttliche Barmherzigkeit ist sowohl eine Botschaft als auch eine Andacht. Und während Andachten in der katholischen Kirche technisch gesehen optional sind (z.B. muss man nicht unbedingt den Rosenkranz zum hl. Michael beten, um in den Himmel zu kommen, obwohl es sehr empfohlen wird), ist eine von Gott geoffenbarte Botschaft wie die Botschaft der Göttlichen Barmherzigkeit in der Heiligen Schrift nicht optional.

Schauen wir uns nun das ABC der Barmherzigkeit im Besonderen an, um zu erkunden, wie die Evangelien uns sagen, dass sie ein integraler Bestandteil unseres geistlichen Lebens sind.

Bittet um Gottes Barmherzigkeit: Wir wissen, dass wir dies tun müssen, um ewiges Leben mit Gott im Himmel zu haben. Die Bibel sagt uns, dass wir das Reich Gottes nicht betreten können, wenn wir nicht Buße tun und um Vergebung bitten (siehe Lk 13,3.5; Mt 18,3-4).

Seid barmherzig zu anderen: Wir wissen, dass wir auch das tun müssen, um ewiges Leben zu haben. Beispiele wie Mt 25,31-46 (wird im nächsten Abschnitt erklärt) und andere

Stellen geben uns eine strenge Warnung von Jesus selbst über die Notwendigkeit, barmherzig zu sein. Barmherzigkeit zu zeigen, ist sogar so notwendig, dass unser Heil davon abhängt.

Vertraut voll und ganz auf Gottes Barmherzigkeit: Ohne Gnade können wir nicht in den Himmel kommen und Jesus sagte der hl. Faustyna, dass alle Gnade nur durch ein einziges Gefäß empfangen werden kann, und dieses Gefäß ist das *Vertrauen* (auch dies werden wir in Kürze näher erläutern).

Es ist also klar, dass das Leben der Botschaft der Göttlichen Barmherzigkeit nicht optional ist – es ist notwendig, um uns zu helfen, in den notwendigen Tugenden zu wachsen, die uns auf das ewige Leben vorbereiten werden. Die Botschaft der Göttlichen Barmherzigkeit lautet, dass Gott uns liebt, uns alle, egal wie groß unsere Sünden sind. Er möchte, dass wir erkennen, dass Seine Barmherzigkeit größer ist als unsere Sünden, damit wir Ihn vertrauensvoll anrufen, Seine Barmherzigkeit empfangen und sie durch uns zu anderen fließen lassen. Gott möchte, dass wir uns vertrauensvoll und reumütig an Ihn wenden, solange wir noch in der Zeit der Barmherzigkeit leben, bevor Er als der gerechte Richter kommt.

Ein tieferer Blick auf die ABCs

Diese Elemente der Botschaft der Göttlichen Barmherzigkeit mögen einfach erscheinen, aber sie sind sehr tiefgründig. Daher ist es gerechtfertigt, auf jedes einzelne näher einzugehen, vor allem weil wir jedes einzelne davon leben müssen, wenn wir darauf hoffen, in den Himmel zu kommen.

Um Gottes Barmherzigkeit bitten

Gott möchte, dass wir zu Ihm kommen, unsere Sünden bereuen und Ihn bitten, Seine Barmherzigkeit über uns und die ganze Welt auszugießen. Durch die Apostelin der Göttlichen Barmherzigkeit, die hl. Faustyna, sagt Er uns: **„Ich kann nicht strafen, auch wenn es den größten Sünder beträfe; wenn er sich auf Mein Erbarmen beruft, rechtfertige Ich ihn in Meiner unergründlichen und unerforschten Barmherzigkeit“** (*TB* 1146). Jesus fügt hinzu: **„Ich will die wunde Menschheit nicht strafen, sondern sie gesund machen, sie an Mein barmherziges Herz drücken“** (*TB* 1588).

Der Herr macht deutlich, wo diese Heilung beginnt: im Beichtstuhl durch das Sakrament der Versöhnung. Die hl. Beichte ist der beste Weg, um die Barmherzigkeit Gottes zu erbitten! Jesus sagt der hl. Faustyna:

> **Sage den Seelen, wo sie Trost suchen sollen — im Tribunal der Barmherzigkeit** (im Sakrament der Versöhnung), **dort gibt es die größten Wunder, … . [Es] genügt, zu Füßen Meines Stellvertreters** (eines Priesters) **gläubig hinzutreten und vor ihm sein Elend auszusprechen. Dann zeigt sich das Wunder der Barmherzigkeit in seiner ganzen Fülle. Auch wenn die Seele wie eine verwesende Leiche wäre und eine Belebung, menschlich gesehen, ausgeschlossen und alles schon verloren schiene — so ist es anders bei Gott. Das Wunder der Barmherzigkeit Gottes belebt die Seele vollends** (*TB* 1448).

Außerdem brauchen wir keine Angst zu haben, um Seine Barmherzigkeit zu bitten:

> **Wenn du zur Beichte kommst, wisse, dass Ich Selbst im Beichtstuhl auf dich warte. Ich verhülle Mich nur mit dem Priester, aber in der Seele wirke Ich Selbst. Hier begegnet das Elend der Seele dem Gott der Barmherzigkeit** (*TB* 1602).

Schließlich ist Jesus, wie die Evangelien zeigen, nicht gekommen, um diejenigen zu beglückwünschen, die ein heiliges Leben führen. Vielmehr ist Er für die Sünder gekommen. Durch die hl. Faustyna sagt Er uns: **„Je größer der Sünder, desto größer sein Anrecht auf Meine Barmherzigkeit“** (*TB* 723). Wir Sünder, die wir Vergebung und Heilung suchen, haben also nur eines zu tun: *darum zu bitten.*

Seid barmherzig zu anderen

Gott möchte, dass wir Seine Barmherzigkeit empfangen und im Gegenzug durch unsere Taten, Worte und Gebete barmherzig zu anderen sind. Er möchte, dass wir anderen Liebe und Vergebung schenken, so wie Er uns Liebe und Vergebung schenkt. Tatsächlich ist das nicht nur etwas, das Er „möchte“, sondern etwas, das Er *fordert.* Barmherzigkeit ist Liebe, die versucht, das Elend anderer zu lindern. Sie ist eine aktive Liebe, die sich über andere ergießt, um zu heilen, zu trösten, zu beruhigen und zu vergeben. Barmherzigkeit ist die Liebe, die

Gott uns anbietet, und sie ist in der Tat die Liebe, die Er von uns füreinander verlangt: „Ein neues Gebot gebe Ich euch: Liebt einander! Wie Ich euch geliebt habe, so sollt auch ihr einander lieben" (Joh 13,34). „Seid barmherzig, wie auch euer Vater barmherzig ist" (Lk 6,36).

Wie gesagt, erinnert uns die Heilige Schrift daran, dass auch der stärkste Glaube nichts nützt ohne Werke der Liebe. Das Maß, das wir für andere anwenden, ist das Maß, das Gott für uns anwenden wird (vgl. Lk 6,38), denn Er wird uns tatsächlich „unsere Schuld vergeben, wie auch wir unseren Schuldigern vergeben haben" (Mt 6,12). Die Gleichnisse vom barmherzigen Samariter, vom reichen Mann und Lazarus, von der Rückkehr des verlorenen Sohnes und vom unversöhnlichen Diener zeigen alle die wesentliche Wahrheit, dass wir, nachdem wir Barmherzigkeit empfangen haben, die Verpflichtung haben, sie zu teilen.

Wie uns das Gleichnis von den Schafen und den Böcken in Matthäus 25 sagt, werden wir nach unserem barmherzigen Verhalten gegenüber anderen beurteilt werden (siehe Mt 25,31-46). Dieses Gleichnis gibt uns ein Bild davon, wie es am Ende der Zeit sein wird, wenn der König (Jesus) die Welt richten und die Gerechten von den Ungerechten scheiden wird, so wie „ein Hirte die Schafe von den Böcken scheidet" (Mt 25,32).

Zu Seiner Rechten wird Er die Schafe stellen und zu ihnen sagen: „Kommt her, die ihr von Meinem Vater gesegnet seid, empfangt das Reich als Erbe, das seit der Erschaffung der Welt für euch bestimmt ist! Denn Ich war hungrig und ihr habt Mir zu essen gegeben; Ich war durstig und ihr habt Mir zu trinken gegeben; Ich war fremd und ihr habt Mich aufgenommen; Ich war nackt und ihr habt Mir Kleidung gegeben; Ich war krank und ihr habt Mich besucht; Ich war im Gefängnis und ihr seid zu Mir gekommen" (Mt 25,34-36). Und die Schafe werden fragen: „Herr, wann haben wir dich hungrig gesehen und dir zu essen gegeben oder durstig und dir zu trinken gegeben? Und wann haben wir dich fremd gesehen und aufgenommen oder nackt und dir Kleidung gegeben? Und wann haben wir dich krank oder im Gefängnis gesehen und sind zu dir gekommen?" (Mt 25,37-39). Und Er wird antworten: „Amen, Ich sage euch: Was ihr für einen Meiner geringsten Brüder getan habt, das habt ihr Mir getan" (Mt 25,40).

Tut mir leid, ihr Böcke. Wir wissen, dass Jesus nicht zu euch sagen wird: „Das ist schon in Ordnung, Ich weiß, dass ihr zu beschäftigt wart. Vielmehr wird Er euch zu Seiner Linken stellen und zu euch sagen: „Geht weg von Mir, ihr Verfluchten, in das ewige Feuer, das für den Teufel und seine Engel bestimmt ist! Denn Ich war hungrig und ihr habt Mir nichts zu essen gegeben; Ich war durstig und ihr habt Mir nichts zu trinken gegeben; Ich war fremd und ihr habt Mich nicht aufgenommen; Ich war nackt und ihr habt Mir keine Kleidung gegeben; Ich war krank und im Gefängnis und ihr habt Mich nicht besucht" (Mt 25,41-43). Und ihr werdet fragen: „Herr, wann haben wir dich hungrig oder durstig oder fremd oder nackt oder krank oder im Gefängnis gesehen und haben dir nicht geholfen?" (Mt 25,44). Und Er wird antworten: „Amen, Ich sage euch: Was ihr für einen dieser Geringsten nicht getan habt, das habt ihr auch Mir nicht getan" (Mt 25,45).

Mit anderen Worten: Um in den Himmel zu kommen, müssen wir barmherzig miteinander sein. Es gibt hier keine andere Wahl.

Unser Herr spricht durch die hl. Faustyna zu uns über die Bedeutung von Taten der Barmherzigkeit. Er sagt:

> **Ich verlange von dir Taten der Barmherzigkeit, die aus deiner Liebe zu Mir hervorgehen sollen. Barmherzigkeit sollst du immer und überall deinen Nächsten erweisen, du kannst dich davor weder drücken noch ausreden oder entschuldigen. Ich gebe dir drei Möglichkeiten, dem Nächsten Barmherzigkeit zu erweisen: Erstens — die Tat; zweitens — das Wort; drittens — das Gebet. In diesen drei Stufen ist die Fülle der Barmherzigkeit enthalten; sie ist ein unumstößlicher Beweis der Liebe zu Mir. … [Auch] der stärkste Glaube hilft nichts ohne Taten** (*TB* 742). … **Wenn die Seele nicht in irgendeiner Weise Barmherzigkeit übt, wird sie am Tage des Gerichts Meine Barmherzigkeit nicht erfahren** (*TB* 1317).

Wenn ihr also nichts Gutes für jemanden tun könnt, weil ihr nicht einmal im selben Raum mit ihm seid, könnt ihr sicherlich etwas Gutes über ihn sagen. Ihr werdet vielleicht entgegnen: „Nein, Pater, ich kann nicht einmal etwas Gutes über Tante Emma sagen." Nun gut, aber dann könnt ihr wenigstens für Tante Emma beten. Ob in Worten, Taten oder im Gebet, Christus sagt, wir müssen barmherzig zueinander sein, sonst werden wir nicht in das Reich Gottes kommen.

Das Wichtigste an der Barmherzigkeit ist, dass sie von uns verlangt, die Liebe in die Tat umzusetzen. Papst Johannes Paul II. sagte, dass Barmherzigkeit „der zweite Name der Liebe" ist.[8] Die hl. Faustyna hat es so ausgedrückt: „Die Liebe Gottes ist die Blume — und die Barmherzigkeit die Frucht" (*TB* 949). Daher ist es wichtig, dass ich euch einige großartige Möglichkeiten aufzeige, wie ihr die Liebe in die Tat umsetzen könnt, und zwar durch das, was die Kirche die leiblichen und geistigen Werke der Barmherzigkeit nennt:

Leibliche Werke der Barmherzigkeit	Geistige Werke der Barmherzigkeit
1. Die Hungrigen speisen 2. Den Durstigen zu trinken geben 3. Die Nackten bekleiden 4. Die Obdachlosen beherbergen 5. Die Gefangenen trösten 6. Die Kranken besuchen 7. Die Toten begraben	1. Die Unwissenden belehren 2. Für die Lebenden und die Toten beten 3. Die Sünder zurechtweisen 4. Den Zweifelnden raten 5. Die Traurigen trösten 6. Das Unrecht geduldig ertragen 7. Das Unrecht bereitwillig vergeben

Vollkommenes Vertrauen auf Jesus

Wie ich bereits erwähnt habe, sagte Jesus zur hl. Faustyna, dass die Menschheit keinen Frieden finden wird, solange sie sich nicht vertrauensvoll an Seine Barmherzigkeit wendet (siehe *TB* 300). Die Notwendigkeit des Vertrauens ist der Kern der Botschaft der Göttlichen Barmherzigkeit und zieht sich wie ein roter Faden durch die gesamte Bibel und das *Tagebuch* der hl. Faustyna. Es bedeutet, Gott unseren Willen zu überlassen, Ihm unser Leben zu widmen und uns Seiner Fürsorge anzuvertrauen, in guten wie in schlechten Zeiten. Es bedeutet, in eine echte Liebe zu Demjenigen einzutreten, der uns liebt, auch wenn wir sündigen. Im Gegenzug müssen wir darauf vertrauen, dass Er das Beste für uns will. Wir zeigen dieses Vertrauen, indem wir Seinen Geboten gehorchen.

Was aber, wenn wir Schwierigkeiten haben zu vertrauen? Jesus versteht unsere Zweifel. Deshalb sagt Er zur hl. Faustyna, sie solle „**um die Rettung der Seelen kämpfen; ermuntere sie, auf Meine Barmherzigkeit zu vertrauen, denn das ist deine Aufgabe in diesem und im künftigen Leben**" (*TB* 1452). Um uns dabei zu helfen, hat Er uns in der hl. Faustyna eine Hilfe gegeben. Er befiehlt ihr sogar, uns zu helfen. Heute, in dieser Zeit des Zweifels, können wir uns im Gebet an sie wenden und sie bitten, uns zu helfen, mehr zu vertrauen – Gott zu vertrauen und darauf zu vertrauen, dass wir durch Gottes Gnade zur Heiligkeit fähig sind. Je mehr wir vertrauen, desto größer wird das Gefäß, das wir besitzen, um die Gnaden zu empfangen, die Gott uns geben will.

Unser Herr sagt zur hl. Faustyna:

> **Ich habe Mein Herz als lebendige Quelle der Barmherzigkeit geöffnet; mögen alle Seelen aus ihm Leben schöpfen; mögen alle Seelen dem Meer der Barmherzigkeit mit großem Vertrauen nahen** (*TB* 1520). … **Die Quelle Meiner Barmherzigkeit ist mit der Lanze am Kreuz für alle Seelen weit geöffnet worden. Ich habe niemanden ausgeschlossen**! (*TB* 1182). … **An einer Seele, die Meiner Güte vertraut, habe Ich besonderes Wohlgefallen** (*TB* 1541). … **Aus Meiner Barmherzigkeit schöpft man Gnaden mit nur einem Gefäß — und das ist das Vertrauen. Je mehr eine Seele vertraut, umso mehr bekommt sie** (*TB* 1578).

Vertrauen ist lebendiger Glaube. Durch Vertrauen erklären wir uns bereit, nicht in der Vergangenheit zu verharren oder die Zukunft zu fürchten, sondern unsere gesamte Existenz der Vorsehung Gottes anzuvertrauen. Wie ein Siebtklässler es ausdrückte: „Jesus, ich vertraue auf dich, bedeutet, dass du weißt, dass Gott Gott ist und nicht du!“

Jesus weist darauf hin, dass das Vertrauen auf Ihn der Schlüssel zur Erhörung unserer Gebete ist: **„Eine Seele, die fest an Meine Güte glaubt und Mir vollkommen vertraut, ist Mir die liebste. Ich schenke ihr Mein Vertrauen und gebe ihr alles, worum sie bittet“** (*TB* 453). Er möchte, dass wir wissen, dass wir die Gnaden Seiner Barmherzigkeit nur empfangen können, wenn wir vertrauen.

Die Heilsgeschichte ist die Geschichte der Göttlichen Barmherzigkeit

Lasst mich euch nun die Essenz all dessen aufzeigen, was ihr bisher gelesen habt. Das geht am besten, wenn ich die ganze Bibel in drei Punkten zusammenfasse:

1. Die Bibel ist eine Liebesgeschichte: Sie beginnt mit einer Hochzeit und endet mit einer Hochzeit.
Die Bibel beginnt mit dem Ehebund von Adam und Eva und endet, ob ihr es glaubt oder nicht, mit einer ehelichen Verbindung. Entgegen der landläufigen Meinung geht es im letzten Buch der Bibel, der Offenbarung, nicht um den Antichristen oder die Entrückung. Es erwähnt nicht einmal das Wort „Antichrist" (obwohl das „Tier" in Kapitel 13 erwähnt wird) und die populärste Form des Glaubens an die Entrückung ist eine Irrlehre, die von John Darby im Jahr 1830 geschaffen wurde. Diese Worte finden sich nicht in der Offenbarung, aber was sich auf jeder Seite widerspiegelt, ist die Heilige Messe (für einen großartigen Beitrag darüber, wie das Buch der Offenbarung mit der katholischen Heiligen Messe verbunden ist, lest bitte Scott Hahns Buch *Das Mahl des Lammes: die Heilige Messe als Himmel auf Erden*). Wie bereits erwähnt, lässt sich die Heilige Messe am besten als das Hochzeitsmahl des Lammes beschreiben.

Die Bibel ist eine Liebesgeschichte über Gott (den Bräutigam), der leidenschaftlich versucht, Seine untreue Braut, Israel (jetzt die Kirche), zu sich zurückzuholen, indem Er ihr Vertrauen zurückgewinnt. Der Grund, warum es uns so schwer fällt, Gott zu vertrauen, liegt darin, dass wir nach dem Sündenfall zu ängstlichen, sprunghaften Wesen geworden sind. Wir sind ängstlich, wir sind skeptisch, wir sind gebrochen.

Er hat uns Maria als Geschöpf, als eine von uns, zur Fürsprecherin gegeben, damit wir uns nicht fürchten, uns Ihm zu nähern. Gott ist für viele Menschen ein furchteinflößendes Wesen, transzendent und unerreichbar für uns. Aber Maria hilft, die Kluft zu überbrücken. Sie ist ein Geschöpf wie wir, und selbst wenn wir Ihm noch nicht völlig vertrauen, weiß Er, dass wir der liebevollen Fürsorge einer wohlwollenden Mutter vertrauen können. Wenn wir das tun, wird uns diese Mutter sanft zu Gott zurückführen, was seit dem Sündenfall Sein Plan ist.

Viele Menschen glauben, dass alles, was man braucht, um in den Himmel zu kommen, der Glaube ist, aber laut der Heiligen Schrift ist das nicht ganz richtig. Abraham glaubte an Gott, aber wenn er Ihm nicht vertraut hätte, wäre er nicht bereit gewesen, Isaak zu opfern. Ich kann an Gott glauben, aber wenn Er mich bitten würde, meinen Sohn zu opfern, könnte ich Nein sagen, weil ich kein Vertrauen zu Ihm habe. Als Abraham bereit war, dem Befehl des Herrn, Isaak zu opfern, zu gehorchen (siehe Gen 22,1-18), ging es nicht nur um Gehorsam. Es war auch eine Frage des Vertrauens.

Gott hatte Abraham versprochen, dass Er durch seinen Sohn Isaak seine Nachkommen so zahlreich machen würde wie die Sterne am Himmel (siehe Gen 15,15). Abraham hätte berechtigterweise fragen können: „Jetzt verlangst du von mir, dass ich ihn töte? Wie um alles in der Welt, Herr, willst du mein Volk und meine Nachkommenschaft so groß machen wie die Sterne oder den Sand am Ufer, wenn du mir sagst, ich solle diesen Jungen töten, durch den das geschehen soll?“

Dennoch war Abraham bereit, es zu tun. Und seine Bereitschaft war nicht nur eine Frage des blinden Gehorsams – sie entsprang dem Vertrauen. Ihr könnt euch vorstellen, wie er betete: „Herr, ich weiß nicht, wie du es tun wirst, aber du wirst es irgendwie tun, selbst wenn du dieses kleine Kind von den Toten auferwecken musst. Ich werde dir gehorchen, weil ich auf dich vertraue.“

2. Die beiden größten Gebote lassen sich zu einem zusammenfassen: Tue den Willen Gottes.

Jesus sagte, die größten Gebote seien, Gott zu lieben und deinen Nächsten wie dich selbst (siehe Mt 22,36-40). Nach Ansicht der Heiligen können diese beiden Gebote zu einem einzigen zusammengefasst werden: Dieses eine Gebot lautet: „Tut den Willen Gottes.“ Wenn ihr das ABC der Barmherzigkeit lebt, liebt ihr Gott und eure Nächsten – ihr tut Seinen Willen. Ihr sollt um Gottes Barmherzigkeit **bitten**. Das ist Sein Wille. Ihr sollt barmherzig zueinander **sein**. Das ist Sein Wille. Ihr sollt Ihn **vollkommen** lieben und Ihm vertrauen. Das ist Sein Wille.

3. Lebt das ABC und kommt in den Himmel.

Vor Jahren hörte ich von dem Bestseller *All I Really Need to Know I Learned in Kindergarden.*[9] Der Autor, Robert Fulghum, hatte einige einfache Regeln für das Leben aufgestellt. Aber in Wirklichkeit ist alles, was man wissen muss, im ABC der Göttlichen Barmherzigkeit enthalten. Der Schlüssel zum ewigen Leben liegt darin, Gott und unseren Nächsten zu lieben, Ihm zu vertrauen und um Vergebung zu bitten, wenn wir in diesen Bereichen versagen. Im Grunde geht es darum, das ABC der Barmherzigkeit zu leben. Wenn ihr die Bibel nicht von vorne bis hinten gelesen habt, ist sie in diesen ABCs zusammengefasst. Das ist alles.

Deshalb müssen wir auf die Worte Jesu hören, die Er der hl. Faustyna sagte, dass die Göttliche Barmherzigkeit der „**letzte Rettungsanker für die Menschheit**" ist (*TB* 965, 998). Es ist wirklich eine Frage von Leben und Tod. Jesus sagte zu Faustyna: **„Wer durch die Tür der Barmherzigkeit nicht eingehen will, muss durch die Tür Meiner Gerechtigkeit"** (*TB* 1146). Ich weiß nicht, wie es euch geht, aber ich schaffe es nicht durch die Türen der Gerechtigkeit Gottes. Ich muss durch die Türen Seiner Barmherzigkeit gehen! Das gilt für uns alle. Deshalb sagte Johannes Paul II.: „Es gibt nichts, was der Mensch mehr braucht als die Göttliche Barmherzigkeit."[10] Und er weihte die Welt im Jahr 2002 der Göttlichen Barmherzigkeit.

KAPITEL II

Die hl. Faustyna: ihr Leben und ihre Spiritualität

Viele Propheten und Heilige

Wie wir in Kapitel 1 gelernt haben, hat Gott seit der Zeit von Adam und Eva versucht, uns die Botschaft der Göttlichen Barmherzigkeit zu vermitteln: die Erkenntnis, dass wir um Seine Barmherzigkeit bitten müssen, dass wir barmherzig miteinander sein müssen und dass wir auf Seine Barmherzigkeit vertrauen müssen.

Wir haben darüber gesprochen, dass die Annahme der Botschaft der Göttlichen Barmherzigkeit keine Option ist, denn sie ist der „Kern" des Evangeliums, und es ist notwendig, die Botschaft zu leben, um in den Himmel zu gelangen. Aus diesem Grund hat Gott der Menschheit diese Botschaft offenbart. Die Göttliche Barmherzigkeit ist unser spiritueller Entwurf, mit dem wir die Begehrlichkeit überwinden – d.h. die innere Korruption und Unordnung, mit der wir in unserer gefallenen menschlichen Natur kämpfen. Sie ist der Weg, ein tugendhaftes Leben zu führen.

Erinnern wir uns, dass eine der Möglichkeiten, Barmherzigkeit zu verstehen, darin besteht zu wissen, dass sie eine besondere Form der Liebe ist, die, wenn sie auf Leiden stößt, Maßnahmen ergreift, um etwas dagegen zu tun. Nun, Gott hat nicht lange gebraucht, um „etwas zu tun" gegen das Leid, das dem Menschen durch den Sündenfall widerfahren ist. Er hat sogar sofort gehandelt, indem Er uns die Verheißung eines Erlösers und das Geschenk einer Mutter gab (siehe Gen 3,15). Jesus und Maria sind die Antwort auf alles. Sie sind die unglaublichsten Geschenke, die ein liebender Vater seinen Kindern – insbesondere missratenen Kindern – machen kann. Das ist wahre Barmherzigkeit.

Aber Gott hat nicht bei Jesus und Maria aufgehört. Wie wir bereits besprochen haben, hat Gott durch die ganze Menschheitsgeschichte hindurch versucht, Seine Braut (uns, die Kirche) zu sich zurückzurufen, trotz unserer Untreue und unserer angeborenen Angst vor Ihm. Alles, was Er von uns will, ist Vertrauen, Vertrauen auf Seine Güte und Barmherzigkeit. Um uns zu rufen, hat Gott im Laufe der Jahrhunderte große Propheten und Heilige erweckt, um uns diese Botschaft der Hoffnung zu bringen. Er hat nie aufgehört, Seine Braut zu suchen, indem Er ihr gezeigt hat, wie sehr Er sich wünscht, mit ihr vereint zu sein.

Das Bemühen unseres Herrn, bei Seinen Geschöpfen ein liebevolles Vertrauen zu wecken, damit sie Seine Liebe annehmen und sich dafür entscheiden, mit Ihm vereint zu sein, ist das Thema der Heilsgeschichte. Es hat sich auf zahllose Weise entfaltet: durch die Gabe Seines Sohnes und der Mutter Seines Sohnes; durch die Gabe der Kirche und die Sakramente der Kirche; durch die Worte der Propheten und der Heiligen und das Beispiel dieser Propheten und Heiligen. Diese Gaben haben uns zu einem tieferen Verständnis unseres liebenden Gottes, unseres *Abba,* unseres Vaters geführt. Gott hat sich uns offenbart, weil Er genau weiß, dass wir in unserer menschlichen Natur nicht lieben können, was wir nicht kennen. Deshalb möchte Er, dass wir Ihn kennenlernen, damit wir Ihn mehr lieben und Ihm letztlich mehr vertrauen können.

Das Problem ist jedoch, dass die Sünde uns infiziert hat. Unsere menschliche Natur ist nun „gebrochen“ und veranlasst uns, die Barmherzigkeit Gottes zu ignorieren, zu bezweifeln oder sogar zu leugnen. Seit wir erschaffen wurden, fallen wir immer wieder ab, nur damit Gott uns wieder zu sich ruft, nur um dann wieder abzufallen. Wir sind ein starrköpfiges und „hartnäckiges Volk“ (2 Mose 32,9), das sein Vertrauen auf sich selbst setzt und nicht auf seinen Schöpfer. Deshalb ist der Stolz die Wurzel aller Sünden, der König aller Sünden. Stolz zu sein bedeutet, dass wir uns selbst auf den Thron setzen, anstatt Gott, den wahren König, auf den Thron unseres Lebens zu setzen.

Eine besondere Andacht, die uns durch eine besondere Heilige gegeben wurde

Trotz alledem hat Gott nie aufgehört, uns zu lieben und uns zu sich zu rufen. Zu Beginn des 20. Jahrhunderts erreichten Seine Bemühungen sogar eine neue Stufe. Nach Tausenden von Jahren und nachdem Er Tausende von Heiligen und Propheten gesandt hatte, um uns Seine Liebe zu offenbaren, die aber auf völlige Ablehnung stießen, z.B. in Form der Irrlehre des Jansenismus, sagte Gott im Wesentlichen: „Das war‘s – Ich bin hier fertig.“ Natürlich hat Er nie genau diese Worte benutzt und Gott ist nie „fertig“ mit uns; Seine Liebe zu uns hört nie auf. Aber im Wesentlichen ist es das, was Er meinte, als Er eine weitere große Heilige namens Helena Kowalska (die wir heute als die hl. Maria Faustyna Kowalska vom Allerheiligsten Sakrament kennen) erweckte und ihr sagte: **„Du wirst die Welt auf Meine endgültige Wiederkunft vorbereiten“** (*TB* 429).

Denkt über die Bedeutung dieser Tatsache nach: Nachdem der Herr sich so viel Mühe gegeben hat, sich der Menschheit durch so viele Boten zu offenbaren, überträgt Er der hl. Faustyna diese unglaubliche Verantwortung. Christus überträgt diese Aufgabe einer „unbedeutenden" Nonne, die Papst Johannes Paul II. als ein armes Mädchen, ein Mädchen aus dem Nichts, bezeichnete.[11] Wer ist also diese Person, der Gott eine der monumentalsten Aufgaben der gesamten Menschheitsgeschichte übertragen würde?

Denkt daran, dass die Botschaft der Göttlichen Barmherzigkeit (dass Gott uns liebt und uns mit Seiner Barmherzigkeit überschütten will, solange wir um Barmherzigkeit bitten, anderen Barmherzigkeit erweisen und auf Seine Barmherzigkeit vertrauen) nichts Neues ist. Diese Botschaft hat uns von Anfang an begleitet. Es war jedoch nicht leicht, diese Botschaft der Barmherzigkeit zu leben. Wir haben sie seit Anbeginn der Zeit abgelehnt, was zeigt, dass wir viel Gnade brauchen, wenn wir sie in unserem täglichen Leben umsetzen wollen. Doch trotz aller Schwierigkeiten muss dies unser Ziel sein.

Um uns bei dieser Aufgabe zu helfen, gab Jesus der Faustyna fünf unglaubliche neue Gnadenkanäle, die uns helfen sollen, die Botschaft der Göttlichen Barmherzigkeit tiefer zu leben. Und wie nennen wir diese fünf neuen Gnadenkanäle zusammenfassend? Wir nennen sie die *Andacht* zur Göttlichen Barmherzigkeit. Wir können uns ein weiteres praktisches Akronym merken, wenn wir uns auf die Andacht zur Göttliche Barmherzigkeit beziehen: FINCH. [Anm. der Übersetzerin: Hier folgt wieder ein Wortspiel, das nicht wörtlich ins Deutsche übersetzt werden kann. FINCH = FINK.]

F = Das Fest der Göttlichen Barmherzigkeit
I = Das Bild (die Ikone) der Göttlichen Barmherzigkeit
N = Die Novene der Göttlichen Barmherzigkeit
C = Der Rosenkranz (Chaplet, Koronka = Pl, Corona = I) zur Göttlichen Barmherzigkeit
H = Die Stunde der Göttlichen Barmherzigkeit

Wir haben im ersten Kapitel erwähnt, dass Andachten in der katholischen Kirche eigentlich freiwillig sind und man sie nicht unbedingt braucht, um in den Himmel zu kommen. Warum sich also die Mühe machen? Weil die Andacht zur Göttlichen Barmherzigkeit euch helfen kann, die Botschaft der Göttlichen Barmherzigkeit besser zu leben. Betrachtet die Botschaft der Göttlichen Barmherzigkeit (das ABC) als das Wichtigste; es geht darum, wie ihr euer Leben tatsächlich lebt. Sie ist die Grundlage, auf der ihr von Gott in eurem persönlichen Gericht beurteilt werdet. Es ist wie bei einem Sportler, der danach beurteilt wird, wie er im Spiel abschneidet – die Art und Weise, wie man das Spiel spielt, ist das, was wirklich zählt.

Aber kein Sportler spielt ein Spiel, ohne vorher trainiert zu haben. Betrachtet die Andacht zur Göttlichen Barmherzigkeit (FINCH) als Training – das Training, das eure Leistung im Spiel des Lebens verbessert. Die Praxis der Andacht zur Göttlichen Barmherzigkeit wird euch letztendlich helfen, das ABC der Barmherzigkeit zu leben, das euch in den Himmel bringt. Die Praxis einer jeden wahren Andacht hilft uns, ein christusähnlicheres Leben zu führen, ein Leben der Liebe und der Tugend; aber diese Andacht ist von besonderer Bedeutung.

Davon abgesehen gibt es noch einen weiteren wichtigen Punkt zu bedenken. Im Gegensatz zu anderen Andachten ist die Andacht zur Göttlichen Barmherzigkeit nicht nur eine Andacht zu anderen Heiligen, wie der hl. Thérèse oder dem hl. Antonius (so großartig sie auch sind). Nein, die Andacht zur Göttlichen Barmherzigkeit ist eine Andacht zu Gott und die Andacht zu Gott ist nicht optional. Sie ist ein wesentlicher Bestandteil unseres geistlichen Lebens.

Paradoxerweise können wir die Andacht zur Göttlichen Barmherzigkeit auch auf einzigartige Weise beschreiben, denn es geht nicht nur um unsere Hingabe an Gott, sondern um die Hingabe Gottes an uns! Im Bild der Göttlichen Barmherzigkeit, das wir im Detail beschreiben werden, sehen wir den linken Fuß Jesu auf uns zukommen. Er kommt aus der Dunkelheit zu uns, um uns einzuladen, Ihn anzunehmen. Dies offenbart die wahre Hingabe des Schöpfers an Seine Geschöpfe (dazu später mehr).

Bevor wir uns mit den Einzelheiten dieser fünf neuen Gnadenkanäle befassen, die als Andacht zur Göttlichen Barmherzigkeit bekannt sind, wollen wir einen Blick auf das Leben und die Spiritualität der hl. Faustyna werfen, derjenigen, der Jesus vertraute, um diese neuen Gnadenkanäle in die Welt zu bringen.

Wer war die hl. Faustyna?

Helena Kowalska (1905-1938) wuchs als drittes von zehn Kindern in einem kleinen Bauernhaus auf zwölf Morgen Land im ländlichen Polen auf. Sie wurde am 25. August 1905 als Tochter eines bäuerlichen Zimmermanns und einer fleißigen Mutter geboren. Ihre Familie war ziemlich arm, aber sehr religiös und lebte von dem kargen Unterhalt, den ihr winziger Bauernhof abwarf. Als kleines Kind wurde ihr die Aufgabe übertragen, die Erdklumpen auf den gepflügten Feldern zu zerkleinern, so dass sie den Wert harter Arbeit kannte. Sie kannte auch die Kämpfe, die das Leben in Armut mit sich brachte. So mussten sie und ihre Schwestern sich zum Beispiel ein Kleid teilen, was bedeutete, dass immer nur eine von ihnen die Heilige Messe besuchen konnte. Die Tatsache, dass sie nicht regelmäßig an den Gottesdiensten teilnehmen konnte, machte Helena sehr traurig, und dies zeigte, dass sie schon sehr früh eine natürliche Liebe zu Gott und ihrem Glauben hatte.

Bereits mit sieben Jahren fühlte sie sich zum ersten Mal zum Ordensleben berufen, als sie Zeit in der Anbetung des Allerheiligsten Sakraments verbrachte. Ihre mystischen Begegnungen gingen weiter. Obwohl sie noch recht jung war und zu Hause lebte, hatte sie bereits ein tiefes, spirituelles Verständnis der Heiligen Messe.

Im Jahr 1924, als sie 19 Jahre alt war, ging sie mit ihrer Schwester Natalia zu einer Tanzveranstaltung in einem Park in der Nähe ihrer Heimat in Polen. Während des Tanzes hatte sie eine Vision des leidenden Jesus, der sie fragte: **„Wie lange soll Ich dich ertragen und wie lange wirst du Mich hin-**

halten?" (*TB* 9). Sie sah Ihn als gekreuzigten Christus mit all Seinen Wunden und blutgetränkten Narben. Sie verstand dies als Zeichen, dass sie in das Ordensleben eintreten sollte, und so ging sie sofort in die nahegelegene Kathedrale, wo Jesus ihr sagte, sie solle sofort nach Warschau gehen und dort in ein Kloster eintreten. Da sie gehorsam war, packte sie eine kleine Tasche und fuhr am nächsten Morgen mit dem Zug ins 137 km entfernte Warschau. Sie tat dies ohne die Erlaubnis ihrer Eltern, was für die damalige Zeit sehr selten war.

Da sie niemanden in Warschau kannte, war sie bei ihrer Ankunft etwas unsicher, wie sie vorgehen sollte. So vertraute sie darauf, dass sie sich ganz dem hingeben würde, was sie für den Willen Jesu hielt. Sie betrat die erste Kirche, die sie sah, die der Pfarrei St. Jakobus der Apostel, und besuchte die Heilige Messe. Dort sprach Jesus innerlich zu ihr und begann, sie anzuleiten, was Er von ihr wollte. Es wurde ihr bestätigt, dass sie in ein Kloster eintreten und sich Ihm durch eine Berufung als geweihte Ordensfrau widmen sollte.

Helena wandte sich daraufhin an mehrere Klöster in der Umgebung von Warschau und fragte nach, ob sie in deren Gemeinschaft eintreten dürfe, aber sie wurde jedesmal abgewiesen. Alle Klöster sagten ihr: „Wir nehmen keine Dienstmädchen auf"[12] und verwiesen dabei auf ihre Armut und ihre mangelnde Bildung. Die Tatsache, dass sie nur drei Winter lang eine öffentliche Schulbildung genossen hatte und kaum lesen und schreiben konnte, sollte später zeigen, wie Gott selbst durch die einfachsten Seelen wirken kann.

Helenas Eintritt in das Ordensleben

Nach einigen Wochen gab die Mutter Oberin der Kongregation der Schwestern der Muttergottes der Barmherzigkeit ihr eine Chance. Helena wusste nichts über das Kloster oder die Ordensgemeinschaft, in die sie eintreten wollte; sie wusste nur, dass Jesus sie dorthin geführt hatte. Manche Menschen würden das als blinden Glauben bezeichnen, aber in Wirklichkeit war es ein Akt des Vertrauens, denn sie hörte in ihrem Herzen auf das, was Jesus tat und wohin Er sie führte. Aufgrund dieses Vertrauens wurde sie mit vielen Gnaden belohnt, die von Christus kamen, der sich ihr offenbarte.

Die Mutter Oberin nahm sie unter der Bedingung auf, dass sie ihre Ordenstracht bezahlen konnte, eine übliche Regelung für neu eintretende Mitglieder, die zu dieser Zeit ein religiöses Leben führen wollten. So arbeitete sie 1925 als Hausmädchen, um Geld für ihre Ordenskleidung und andere grundlegende Ausgaben zu verdienen. Ironischerweise erinnerte sich die Mutter Oberin nicht einmal an sie, als sie später ins Kloster zurückkehrte. Durch die Gnade Gottes wurde dieses Problem überwunden und sie trat bei den Schwestern der Muttergottes der Barmherzigkeit ein und erhielt im April 1926 ihr Ordenskleid. Dort nahm sie den Ordensnamen Maria Faustyna vom Allerheiligsten Sakrament an. Faustyna bedeutet „die Glückliche" oder „die Gesegnete". Viele glauben, dass es sich dabei um die weibliche Version von *Faustinus* handelt, einem Märtyrer aus den ersten Jahrhunderten der Kirche.

Nach ihrem Eintritt in die Kongregation wurden ihr die Aufgaben einer Köchin, Gärtnerin und Pförtnerin zugewiesen, was bedeutet, dass sie an der Tür stand und alle Besucher empfing. Sie lebte zu verschiedenen Zeiten in acht verschiedenen Klöstern in Polen und Litauen und lernte überall, wohin sie reiste, die Schwestern kennen. Einige dieser Schwestern stellten sie in Frage und verspotteten sie sogar, weil sie der Meinung waren, dass sie sich bei ihren täglichen Pflichten, die Faustyna aufgrund ihrer schwindenden Gesundheit sehr schwerfielen, nicht voll einsetzte. Einige glaubten, sie sei nicht ehrlich, was die Schwere ihrer Krankheit betraf, und beschuldigten sie sogar, sie wolle sich aus Faulheit von ihren Arbeitspflichten befreien lassen; daher schienen zahlreiche Schwestern Faustyna nicht zu mögen. Jesus ermutigte sie, ihrem Gelübde treu zu bleiben, und mit der Zeit akzeptierten einige der Schwestern sie und suchten sogar ihren Rat.

Am 22. Februar 1931, als sie allein in ihrer Zelle in Płock, Polen, war, kam Jesus persönlich zu ihr, als König der Göttlichen Barmherzigkeit, so wie Er auf dem Bild der Göttlichen Barmherzigkeit dargestellt ist. Er trug das weiße Gewand mit zwei Strahlen – einem roten und einem blassen –, die von Seinem Herzen ausgingen. (Wir beschäftigen uns näher mit diesem Bild in Kapitel 4) Erstaunlicherweise war dies die einzige derartige Erscheinung Jesu, welche die hl. Faustyna im heutigen Polen hatte, denn die anderen fanden in Vilnius statt, das heute zu Litauen gehört, wohin sie von den Oberen ihrer Ordensgemeinschaft versetzt worden war.

Hinter ihrem vermeintlich tristen Dasein überflutete Faustyna ein tiefes Innenleben, das von außergewöhnlichen mystischen Gnaden, göttlichen Offenbarungen und himmlischen Heimsuchungen durchdrungen war. Christus begann, ihr häufig in Visionen zu erscheinen. Manchmal erschien Er ihr als König der Barmherzigkeit, der in Licht und Majestät erstrahlt, ein anderes Mal als der gequälte, gekreuzigte Christus.

Das Tagebuch

Jesus sagte zu Faustyna, sie solle mit ihrem Beichtvater zusammenarbeiten und ihm gegenüber wahrheitsgemäß sein. Er sagte, wenn sie etwas vor ihm verbergen würde, würde Er sich auch vor ihr verbergen (siehe *TB* 269). So begann Faustyna, ihren Beichtvater, den sel. Michał Sopoćko, über diese Visionen zu informieren. Er bestand darauf, dass sie ein umfassendes psychiatrisches Gutachten erstellen ließ, in dem festgestellt wurde, dass ihre kognitiven Prozesse völlig normal waren. Pater Sopoćko fing an, Faustyna und dem, was sie ihm über die Worte, die Christus zu ihr gesprochen hatte, erzählte, zu glauben, und so wies er sie an, alles in einem *Tagebuch* niederzuschreiben. Aus diesem schriftlichen Werk, das zwar grammatikalisch sehr grob war, wurde *Die Göttliche Barmherzigkeit in meiner Seele*, besser bekannt als das *Tagebuch der hl. Maria Faustyna Kowalska.*

Mit der Zeit glaubte Pater Sopoćko Faustyna nicht nur, sondern ermutigte sie, Jesus zu sagen, was sie auf dem Herzen hatte, und Ihm sogar Fragen zu stellen. Sopoćko war ein unglaublicher Priester; tatsächlich nannte Jesus ihn einen Priester nach Seinem eigenen Herzen (siehe *TB* 1256). Was für eine unglaubliche Ehre das gewesen sein muss!

Nachdem die hl. Faustyna begonnen hatte, ihr Tagebuch zu schreiben, war es nicht verwunderlich, dass sie mit Versuchungen und Angriffen des Bösen zu kämpfen hatte. Dämonen tauchten auf und verachteten ihre Arbeit und erklärten sogar ihren Hass auf sie wegen der Seelen, die sie zu retten half. Einmal spielte ein Dämon mit dem Thema Demut und sagte ihr, dass ihr Schreiben ein Akt des Stolzes sei, was dazu führte, dass sie beschloss, das Tagebuch und seinen gesamten Inhalt zu verbrennen.

Als er davon erfuhr, forderte der sel. Michał Faustyna auf, das Tagebuch so gut wie möglich neu zu schreiben. Es entstand jedoch ein Problem, denn während sie versuchte, das ursprüngliche Tagebuch zu rekonstruieren, hatte sie weiterhin Visionen Jesu. Infolgedessen vermischten sich die aktuellen Visionen mit den Ereignissen, an die sie sich aus ihrem ersten Tagebuch erinnerte, was zu einigen chronologischen Problemen in dem *Tagebuch* führte, das wir jetzt veröffentlicht haben. Wenn ihr das *Tagebuch* heute von vorne bis hinten lest, könnte es also ein wenig verwirrend sein, weil die Ereignisse nicht immer in der richtigen Reihenfolge stehen. Das kommt auch selbst in der Bibel vor, also macht euch keine Sorgen und zögert nicht, das *Tagebuch* zu lesen. Die Botschaft der Göttlichen Barmherzigkeit zieht sich durch jede Seite, ganz gleich, wie ihr es lest.

Wegen dieses *Tagebuchs* ist die hl. Faustyna heute als „Sekretärin und Apostelin der Göttlichen Barmherzigkeit“ bekannt.

Das Bild

1934 stellte der sel. Michał Sopoćko der Schwester Faustyna den Künstler Eugeniusz Kazimirowski vor, der im Haus des Priesters wohnte. Dieser Künstler erhielt den Auftrag, das Bild der Göttlichen Barmherzigkeit, wie wir es heute kennen, zu malen (speziell das Vilnius-Bild genannt). Die drei arbeiteten zusammen, um dieses Bild zu schaffen, das auf Faustynas Visionen von Jesus in Seinen Erscheinungen bei ihr beruhte, und folgten der Anweisung Christi, das Bild **„nach dem, was du siehst"** zu malen (*TB* 47). Das war keine leichte Aufgabe, da sie mit dem Bild nicht zufrieden war und Kazimirowski mehrmals aufforderte, es neu zu malen. Schließlich sagte Jesus ihr im Wesentlichen: „Es ist gut genug". Hier ist, was die hl. Faustyna darüber schrieb:

> Als ich bei dem Künstler war, der das Bild malt, sah ich, dass es nicht so schön wird, wie Jesus wirklich ist. — Das betrübte mich sehr, doch ich verbarg es tief in meinem Herzen. Auf dem Rückweg vom Maler blieb die Mutter Oberin in der Stadt, um Verschiedenes zu erledigen. Ich kehrte allein nach Hause zurück. Sofort begab ich mich in die Kapelle und weinte bitterlich. Ich sagte zum Herrn: „Wer vermag Dich so schön zu malen, wie Du bist?" Darauf hörte ich folgende Worte: **„Nicht in der Schönheit der Farben oder des Pinselstrichs liegt die Größe dieses Bildes, sondern in Meiner Gnade"** (*TB* 313).

Das Bild der Göttlichen Barmherzigkeit ist seitdem zu einem der berühmtesten Heiligenbilder der Welt geworden, zusammen mit dem Grabtuch von Turin und dem Bild Unserer Lieben Frau von Guadalupe (wir werden das Bild in Kapitel 4 ausführlicher behandeln).

Schließlich sagte Jesus am Karfreitag 1935 zu Faustyna, Er wolle, dass dieses Bild der Göttlichen Barmherzigkeit öffentlich verehrt werde. Pater Sopoćko befolgte diese Anweisung und hielt am Sonntag nach Ostern eine Predigt über die Göttliche Barmherzigkeit, der auch die hl. Faustyna beiwohnte. Dies ist ein Beweis dafür, dass der erste Sonntag der Göttlichen Barmherzigkeit im Jahr 1935 gefeiert wurde, obwohl er von der Kirche erst im Jahr 2000 offiziell eingeführt wurde.

Andere Gnaden

Zu anderen Zeiten schenkte Jesus der hl. Faustyna die zusätzlichen Gnadenkanäle, die zu dem gehören, was wir die Andacht zur Göttlichen Barmherzigkeit nennen, wie z.B. den Rosenkranz zur Göttlichen Barmherzigkeit (wir werden auch diese anderen Gnadenkanäle in Kapitel 4 ausführlicher behandeln). Er schenkte ihr auch mystische Erfahrungen, die sie in ihrem *Tagebuch* festhielt, wie z.B. Besuche des Himmels, der Hölle und des Fegefeuers. Außerdem wurde sie mehrfach von Satan besucht, der als er selbst und einmal als Engel verkleidet auftrat. Ihre Heiligkeit und Demut waren das Gegenmittel, das den Satan und jeden Dämon, der versuchte, ihr Angst einzujagen, in die Flucht schlug.

Der hl. Faustyna wurden viele geistliche Gaben zuteil, wie z.B. die Fähigkeit zur Bilokation, und sie hatte sogar die Gnade der Seelenschau. Durch diese Gnadengaben bereitete Jesus Faustyna auf das künftige Leiden vor, das sie ertragen sollte. Er stellte sie vor die Wahl – wie Er es auch bei uns tut –, dieses Leiden entweder anzunehmen oder nicht. Er sagte, wenn sie es nicht aus freien Stücken annehmen würde, hätte es keinen Sinn (siehe *TB* 190). Denkt darüber in Bezug auf euer eigenes Leiden nach: Wenn wir leiden müssen, wollen wir nicht, dass es sinnlos ist. Die hl. Faustyna hat zu diesem Leiden „Ja" gesagt wie zu allem, was Christus von ihr verlangte, so dass wir in dieser frommen Nonne ein großes Vorbild haben. Auch wenn sie viel Trost empfing, vergaß sie nicht, das Gebet an die erste Stelle zu setzen, um in diesen Prüfungen durchzuhalten. Ihre Spiritualität lässt sich in einem alten christlichen Gebet zusammenfassen, das wir heute als „Jesusgebet" kennen: „Herr Jesus Christus, Sohn des lebendigen Gottes, erbarme dich meiner, eines armen Sünders".

Die hl. Faustyna litt sehr unter der Tuberkulose, die ihre Lungen, ihr Gewebe, ihr Gehirn und ihre Knochen quälend angriff. Auf die Bitte Christi hin opferte sie diese Leiden in Vereinigung mit Ihm am Kreuz, um für die Sünden der anderen zu sühnen. Das war eine große Gnade, die es ihr ermöglichte, sich in mystischer Weise mit Ihm zu vereinen, ihre Leiden einem göttlichen Zweck zuzuführen und sie in ein tägliches Opfer für die Rettung der Seelen zu verwandeln.

Hier ist also die Frage für uns: Werden auch wir von Jesus gebeten, einen Teil Seines Kreuzes zu teilen? In gewisser Weise gilt das für jeden von uns. Einige unserer Leiden mögen nur

„Splitter“ des Kreuzes sein, während andere vielleicht ganze „Balken“ sind. Und auch wenn es manchmal nicht so aussieht, wird Er uns nie mehr geben, als wir mit Seiner Gnade bewältigen können. Ja, Er verlangt von bestimmten Seelen, mehr zu leiden; wenn ihr also viel leidet, kann das daran liegen, dass ihr von Christus berufen seid, einen größeren Teil Seines Kreuzes zu tragen. Auch wenn dies entmutigend erscheinen mag, ist es in Wirklichkeit ein unglaubliches Geschenk.

Gottes Plan

Gottes Plan war, dass das Leiden und die Herausforderungen, die Faustyna ertragen musste, sie im Vertrauen und Gehorsam vervollkommnen sollten, um sie auf ihre Mission vorzubereiten. Sie erhielt mehrere innere (unsichtbare) Stigmata, die wir geistliche Stigmata nennen. Sie litt auch dreimal unter den Schmerzen und Symptomen einer Abtreibung und verlor aufgrund der Schmerzen das Bewusstsein. Sie schrieb, dass sie damit Gott Wiedergutmachung für die im Schoß ihrer Mütter ermordeten Seelen leisten wollte (siehe *TB* 1276).

Inmitten ihres Leidens schenkte Gott Faustyna jedoch zusätzliche Tröstungen. Sie war eine von nur drei Menschen (von denen wir es wissen), die jemals einen Seraphim-Engel erblickten. Damit steht sie in einer Reihe mit dem Propheten Jesaja, der von einem seraphischen Engel besucht wurde, der seine Lippe mit einer brennenden Kohle berührte (siehe Jes 6,6-7), und mit dem hl. Franziskus, der von einem Seraph besucht wurde, bevor er die Stigmata erhielt. Im erst dritten bekannten Fall einer solchen Heimsuchung brachte ein Seraphim Faustyna die hl. Kommunion, als sie zu krank war, um an der Heiligen Messe teilzunehmen.

Interessanterweise hatte die hl. Faustyna eine bemerkenswerte Vision ihrer eigenen Heiligsprechung sowie Visionen von Feiern zum Sonntag der Göttlichen Barmherzigkeit in ihrer Kapelle und in Rom (siehe *TB* 1044-1048). Sie beschrieb, wie sie gleichzeitig Menschenmengen in ihrer Kapelle und in der Kapelle in Rom sah. In einem faszinierenden Bericht über ihre spätere Heiligsprechung beschrieb sie den hl. Petrus, der zwischen dem Altar und dem Heiligen Vater stand, und wie er mit dem Heiligen Vater sprach, obwohl sie seine Worte nicht hören konnte. In Bezug auf diese Vision ist es interessant festzustellen, dass Papst Johannes Paul II. unmittelbar nach ihrer tatsächlichen Heiligsprechung im Jahr 2000 ankündigte, dass der Sonntag der Göttlichen Barmherzigkeit als offizielles Fest der Kirche in den römischen Universalkalender aufgenommen werden sollte. Diese Ankündigung war für viele eine Überraschung, da sie nicht auf der Tagesordnung des Tages stand. Es scheint, dass der Papst nicht vorhatte, diese Ankündigung zu machen, aber vielleicht hat der hl. Petrus ihm gesagt, er solle es tun? Es ist unglaublich, darüber nachzudenken.

Während Faustynas Leben begann sich die Nachricht von ihren Visionen zu verbreiten, und unter den Päpsten Pius XI. und Pius XII. wurden Imprimaturen für ihre Schriften erteilt, als die Bischöfe begannen, die Göttliche Barmherzigkeit zu unterstützen und sie zu einer anerkannten Andacht zu machen. Auf ihrem Krankenbett sagte sie voraus, dass ein schrecklicher Krieg ausbrechen und dieser der tödlichste

Konflikt in der Geschichte der Menschheit sein würde. Dieser Krieg, der Zweite Weltkrieg, begann in Polen weniger als ein Jahr nach ihrem Tod.[13] Da sie wusste, dass der Krieg kommen würde, bat Jesus sie, für ihr Land zu beten. Faustyna bat auch die Schwestern ihrer Kongregation, für Polen zu beten, und hinterließ uns ein Beispiel dafür, dass wir auch für unser eigenes Land beten sollten.

Nach viel Leid und übernatürlichen Anstrengungen, alles zu tun, was Jesus von ihr verlangte, erlag die hl. Faustyna schließlich am 5. Oktober 1938 der Tuberkulose. Heute feiern wir dieses Datum als ihren Festtag, der in den Universalkalender der Kirche aufgenommen wurde und die Bedeutung ihres Wirkens für die Verbreitung der Botschaft der Göttlichen Barmherzigkeit bestätigt.

Die Rolle der Kongregation der Regularkleriker der Marianer

Eine der „Hauptfiguren" bei der Verbreitung dieser Botschaft und der Andacht war der Marianer Pater Joseph Jarzebowski MIC, der den sel. Michał Sopoćko persönlich kannte. Im Jahr 1941, kaum drei Jahre nach dem Tod der hl. Faustyna, brachte er die Andacht zur Göttlichen Barmherzigkeit von Polen aus in die Vereinigten Staaten – mit der Hilfe der Gnade Gottes.

Pater Jarzebowski war anfangs skeptisch gegenüber den großen Gnaden, von denen diejenigen berichteten, die sich der Göttlichen Barmherzigkeit anvertrauten. Aber im Frühjahr 1940 wusste er, dass er aus Polen fliehen musste, um den Gefahren des Krieges zu entgehen. Er gelobte, dass er, wenn es ihm gelänge, seine Mitbrüder in Amerika sicher zu erreichen, den Rest seines Lebens damit verbringen würde, die Botschaft der Göttlichen Barmherzigkeit und die Andacht zu verbreiten.

Vor seiner Abreise gab der sel. Michał Sopoćko dem Pater Jarzebowski Material über die Göttliche Barmherzigkeit, das er vorbereitet hatte. Mit diesen Materialien im Gepäck und angesichts scheinbar unüberwindlicher Hindernisse machte sich Pater Jarzebowski auf die Reise. Wegen der Nazi-Besatzung konnte er nicht nach Westen reisen, also musste er nach Osten gehen – und das mit abgelaufenen Papieren und Visa. Die Materialien, die er bei sich trug, galten als Schmuggelware und wären ein Grund für seine Verhaftung und vielleicht sogar seine Hinrichtung gewesen. Im Vertrauen auf die göttliche Vorsehung gelang es ihm wie durch ein Wunder, mehrere Kontrollpunkte zu passieren, ohne dass die Materialien jemals entdeckt wurden.

Nach einer außergewöhnlichen Reise von Polen nach Litauen, dann durch Russland und Sibirien nach Wladiwostok und von dort nach Japan erreichte er ein Jahr später amerikanischen Boden. Getreu seinem Versprechen begann er sofort mit Hilfe der Schwestern vom hl. Felix von Cantalice in Michigan und Connecticut, Informationen über die Botschaft der Göttlichen Barmherzigkeit und die Andacht zu verbreiten. Auch seine Mitbrüder der Marianer engagierten sich bald intensiv.

Nach mehreren Jahren dieser Tätigkeit gründete Pater Walter Pelczynski MIC (der erste Direktor der Vereinigung der Helfer der Marianer) 1944 auf dem Eden Hill in Stockbridge, Massachusetts, wo sich heute das Nationalheiligtum der Göttlichen Barmherzigkeit befindet, das „Mercy of God Apostolate“. Auf diesem Gelände befindet sich das Zentrum der Helfer der Marianer, in dem die Marianer einen modernen religiösen Verlag betreiben, der zum internationalen Zentrum für das Werk der Göttlichen Barmherzigkeit geworden ist. Seitdem dieser Dienst hier begann, hat sich diese wichtige Botschaft unaufhörlich verbreitet. Sogar Soldaten, die während des Zweiten Weltkriegs nach Übersee gingen, trugen zur Verbreitung der Botschaft bei, sogar bis zu den Philippinen. Bis 1953 wurden etwa 25 Millionen Exemplare der Barmherzigkeitsliteratur in der ganzen Welt verteilt.

Genehmigt, dann verboten, dann wieder genehmigt

1959, nicht lange nachdem sich die Andacht zur Göttlichen Barmherzigkeit weltweit zu verbreiten begann, schlug eine „Bombe“ ein, die ihre Verbreitung ernsthaft beeinträchtigte. Rom verbot den Zugang zu den Bildern der Göttlichen Barmherzigkeit und zu allen Schriften über die Göttliche Barmherzigkeit. Die hl. Faustyna hatte dies in ihrem *Tagebuch* vorausgesagt (siehe *TB* 378). Das Verbot resultierte aus einer schlechten Übersetzung des *Tagebuchs* aus dem Polnischen ins Italienische. Die Übersetzung enthielt viele verwirrende Aussagen, wie z.B. eine aus *TB* 1273: **„Ich bin lauter Liebe und Barmherzigkeit“**, die ins Italienische übersetzt den Anschein erweckte, als würde die hl. Faustyna dies über sich selbst sagen.[14]

Daher verbot die Kirche in ihrer Weisheit die Schriften, bis sie geklärt werden konnten. Dann wurde, Gott sei Dank, 1978, kurz bevor Johannes Paul II. Papst wurde, das Verbot aufgehoben. Nach seiner Amtseinführung leitete Papst Johannes Paul II. eine neue Anstrengung ein, um Faustynas Schriften zu studieren und diesen Gnadenschatz den katholischen Gläubigen zugänglich zu machen. Kurz darauf schmuggelte Pater Seraphim Michalenko MIC Bilder der *Tagebuch*abschnitte aus dem kommunistischen Polen in die Vereinigten Staaten, die dann ins Englische übersetzt und der amerikanischen Kirche in weitaus größerem Umfang zugänglich gemacht wurden.

Das Leben der hl. Faustyna hatte ausschließlich eine Mission: Vertraue auf die Barmherzigkeit Gottes und bitte um Barmherzigkeit für die ganze Welt. Auch wir sind dazu berufen, dies zu tun. Ihre Sendung ist unsere Sendung. Die Spiritualität der hl. Faustyna war ganz auf Vertrauen und Barmherzigkeit ausgerichtet. Sie gab sich ganz dem Willen Gottes hin, was sich darin zeigte, dass sie von Jesus Aufgaben annahm, die sie unmöglich allein ohne die Hilfe Seiner Gnade erfüllen konnte. Er bat sie z.B. zu malen, aber sie war keine Künstlerin. Er bat sie, die Andacht zur Göttlichen Barmherzigkeit in der ganzen Welt zu verbreiten, aber sie hatte kein Geld. Er bat sie, den Sonntag der Göttlichen Barmherzigkeit in der Universalkirche zu feiern, aber sie hatte keinen Einfluss in der Kirche. Ihr versteht, was ich meine.

Jesus gab ihr etwas Hilfe in Pater Sopoćko, aber Er machte sie für die Seelen verantwortlich, die nicht gerettet werden würden, wenn sie nicht all diese scheinbar unmöglichen Aufgaben erledigte. Warum sollte Jesus das tun? Unser Herr testete sie, um zu sehen, wie sehr sie Ihm vertrauen würde, und durch ihr Vertrauen wusste die hl. Faustyna, dass Jesus den ganzen Weg mit ihr ging.

Als Pater Seraphim in den Vereinigten Staaten begann, die Schriften der hl. Faustyna zu studieren, wurde der Grund für ihre Seligsprechung zu einem Diskussionsthema. In relativ kurzer Zeit (nach kirchlichen Maßstäben) wurde sie aufgrund eines Wunders seliggesprochen, das Maureen Digan, eine sehr gute Freundin der Marianer-Kongregation, am Nationalheiligtum der Göttlichen Barmherzigkeit erlebt hatte. Maureen wurde von einem Lymphödem geheilt, einer Krankheit, für die es keine Heilung gibt. Später wurde die Heiligsprechung von Faustyna aufgrund der wunderbaren Heilung von Pater Ron Pytel von einem unheilbaren Herzleiden genehmigt.

Jetzt, da Faustyna heiliggesprochen ist, beten wir weiter für sie, damit sie die fünfte weibliche Kirchenlehrerin wird. Ihre Schriften über die Göttliche Barmherzigkeit mit ihrer ermutigenden Botschaft des Vertrauens auf Jesus sind das Mittel, mit dem sie die Welt auf Sein endgültiges Kommen vorbereitet. Das Bewusstsein für die Göttliche Barmherzigkeit hat sich zweifellos verbreitet; wie wir bereits erwähnt haben, hat Pater Seraphim die Göttliche Barmherzigkeit „die größte Basisbewegung in der Geschichte der katholischen Kirche" genannt. Und einer der Hauptverkünder der Göttlichen Barmherzigkeit, Papst Johannes Paul II., sagte im Wesentlichen, dass „Gott gerade diesem armen Mädchen, einem Mädchen aus dem Nichts, die Mission anvertraut hat, der ganzen Welt die wichtigste Botschaft des 20. Jahrhunderts zu verkünden".[15] Ist das nicht erstaunlich?

Die Schule des Vertrauens

Am Ende des letzten Kapitels haben wir erwähnt, dass diese Botschaft des Vertrauens dieselbe ist, die auch in der Bibel zu finden ist. In diesem Kapitel haben wir festgestellt, dass das große Problem bei Adam und Eva nicht nur die Tatsache war, dass sie gesündigt haben, sondern auch, dass sie nicht vertrauten und nicht glaubten, was Gott ihnen sagte. Die Schlange gab ihnen ein verzerrtes Bild von Gott und ließ sie glauben, Er sei jemand, den sie fürchten sollten. Beim Satan geht es um Misstrauen; er sagt uns, dass wir nur uns selbst vertrauen können, was uns in die Sklaverei führt, nicht in die Freiheit. Wir werden zu Sklaven der Dinge, von denen wir glauben, dass sie uns erfüllen – unsere Sexualität, unsere Begierden, unsere Willensschwäche. Das bringt nur Unglück und Angst, denn diese Dinge werden uns im Stich lassen.

Ich habe einmal gehört, dass Furcht als einer der Hauptgründe genannt wurde, warum Menschen nicht in die Kirche gehen. Sie haben Furcht vor dem Gott, der die Regeln aufstellt. Gott zu vertrauen ist also der Schlüssel zur Überwindung dieser Furcht. Tatsächlich waren „Fürchtet euch nicht" die ersten Worte, die Johannes Paul II. sprach, als er Papst wurde, und dieselben Worte werden 365 Mal in der Bibel erwähnt.

Schauen wir uns an, was Pater Michael Gaitley MIC über Furcht und das, was er die „Schule des Vertrauens" nennt, die in der Bibel zu finden ist, schreibt:

> Als Adam und Eva Gott im Garten gehen hören, laufen sie nicht zu Ihm, sondern von Ihm weg. Anstatt ihre

Sünde anzuerkennen, sie zu bekennen und sich in die Umarmung von Gottes Liebe zu stürzen, verstecken sie sich. Anstatt unserem unendlich guten und barmherzigen Gott zu vertrauen, haben sie Furcht vor Ihm.

Vom Teufel versucht, ließ der Mensch in seinem Herzen das Vertrauen zu seinem Schöpfer sterben, missbrauchte seine Freiheit und gehorchte dem Gebot Gottes nicht. Darin bestand die erste Sünde des Menschen. Danach wird jede Sünde Ungehorsam gegen Gott und Mangel an Vertrauen auf Seine Güte sein. (*KKK* 397).

Beachte, dass das Schlüsselwort hier „Vertrauen" ist. Die erste Sünde beginnt mit einem Mangel an Vertrauen. Es heißt, dass der Mensch sein Vertrauen zu seinem Schöpfer in seinem Herzen sterben lässt. Und diese Wurzel der Sünde gilt nicht nur für die erste Sünde, sondern, wie der *Katechismus* sagt, „für jede Sünde". In der Tat beinhaltet jede unserer Sünden einen Mangel an Vertrauen auf Gottes Güte. Der *Katechismus* führt diesen Mangel an Vertrauen als eine der „verhängnisvollen Folgen" der Sünde an. Um noch konkreter zu werden, heißt es: „Adam und Eva fürchten sich vor Gott, von dem sie sich das Zerrbild eines Gottes gemacht haben ..." Und genau das, der Teil über das Zerrbild, erklärt eine Menge. Und warum erklärt er viel? Nun, weil diese Wunde, ein verzerrtes Bild von Gott zu haben, an uns weitergegeben wurde. Ich meine, jeder Einzelne von uns neigt dazu, Gott zu fürchten und Ihm nicht zu vertrauen. Wir neigen dazu, Ihn als jemanden zu sehen, der uns nur den Spaß verderben will; als jemanden, der immer bereit ist, uns die göttliche Ohrfeige zu geben; als jemanden, der eifersüchtig ist, um Seine Macht über uns zu behalten.

Aber ist das wahr? Ist Gott ein boshaftes und rachsüchtiges Wesen, das gerne Regeln aufstellt, an die sich niemand halten kann, und uns dann bestraft, wenn wir sie nicht befolgen? Nein, so ist Gott nicht. Hier ist die Realität: Unser Gott ist ein Vater, der vor Liebe für uns brennt und sich danach sehnt, uns glücklich zu machen. Er zeigt uns unendliche Barmherzigkeit, nicht weil Er muss, sondern weil Er will. Und wenn wir das wirklich in unserem Herzen verstehen würden, wäre es dann nicht sinnvoll, Ihm unser ganzes Vertrauen zu schenken? Doch das tun wir nicht. Wir müssen zu der kindlichen Unbefangenheit zurückkehren, mit der wir unserem himmlischen Vater vertrauen. Leider haben wir oft nicht dieses Vertrauen; wir lassen uns nicht in die liebenden Arme des Herrn fallen.

Ich weiß, dass es nicht leicht ist, dem Herrn zu vertrauen. Das verzerrte Bild, das wir alle in dem einen oder anderen Maße von Ihm haben, kann schwer zu überwinden sein. Doch Gott arbeitet so hart daran, diese Wunde in uns zu heilen. Ich würde sogar sagen, dass sich die gesamte Heilsgeschichte als Gottes große Anstrengung zusammenfassen lässt, uns unruhige, ängstliche Geschöpfe dazu zu bringen, unsere Furcht vor Ihm aufzugeben und Seiner Liebe und Güte zu vertrauen.

In der Heilsgeschichte, in der Geschichte der Heiligen Schrift, versucht Gott, uns zu lehren, uns zu überzeugen, Ihm zu vertrauen, damit Er uns heilen und retten kann. Und deshalb glaube ich, dass man die ganze Bibel wirklich als eine einzige lange Vertrauensschule zusammenfassen kann; ein großes Bemühen Gottes, das verzerrte Bild, das jeder von uns von Ihm hat, zu heilen. Und Er will diese Wunde in uns heilen, damit wir wieder anfangen, Ihm zu vertrauen, damit Er uns retten kann.[16]

Vertrauen und Maria: Die Annahme der Hilfe, die uns angeboten wird

Pater Gaitleys Idee von der „Schule des Vertrauens" bekräftigt, was ich darüber gesagt habe, dass das Vertrauen der Schlüssel zu unserer Beziehung zu Gott ist. Aber ihr werdet vielleicht trotzdem sagen: „Okay, Pater, es geht um Vertrauen, aber wie wende ich es an?" Der beste Weg, dies zu lernen, ist, vom Beispiel eines anderen zu lernen. Wer ist das beste Beispiel für Vertrauen? Offensichtlich unsere Mutter Maria. Wir erlangen Vertrauen durch Maria, weil sie die neue Eva ist. Sie ist das Gegenteil der ursprünglichen Eva, denn Eva war die „Mutter des Misstrauens".

Maria hatte keine Furcht; sie gab ihr Fiat, ihr „Ja", als sie nichts anderes tun konnte, als auf das zu vertrauen, was der Herr ihr sagte. Sie ist ein Geschenk, das Gott uns zur Mutter gegeben hat, ein Geschöpf wie wir, weil Er wusste, dass wir nach dem Sündenfall im Garten Eden Furcht vor Ihm haben würden. Und wie zeigt man schließlich, dass man jemandem vertraut? Man nimmt die Hilfe an, die er einem anbietet. So ist die Hilfe, die Gott uns durch das Geschenk Seiner Mutter anbietet, eine Hilfe, die wir mit Vertrauen annehmen sollten.

Als ich jung war und manchmal befürchtete, dass mein Vater enttäuscht von mir war, weil ich etwas falsch gemacht hatte, lief ich zu meiner Mutter. Das tat ich, weil ich befürchtete, dass mein Vater denken würde, ich sei nicht stark oder dass er nicht glücklich mit mir sein würde. Aber meine Mutter versicherte mir, dass mein Vater das nicht von mir denken würde und dass ich keinen Grund zur Furcht hätte. Das ist es, was Maria für uns tun kann. Maria ist wirklich die neue Eva und sie bringt uns den neuen Adam (Jesus) am neuen Baum des Lebens, dem Kreuz. So werden der alte Adam, die alte Eva und der alte Baum vernichtet.

Das ist es, worum es bei der Marienweihe wirklich geht: Vertrauen. Es bedeutet, unserer Führerin Maria zu vertrauen, dass sie uns zu Jesus führt. „Zu Jesus durch Maria" ist das Ziel dieser Weihe. Bittet sie also, euch zu helfen, den Willen Gottes zu erkennen, denn sie hat es in ihrem eigenen Leben immer perfekt gemacht. Es ist nichts Falsches daran, die Hilfe anderer Menschen anzunehmen – sogar Jesus tat dies auf Seinem Weg nach Golgota.

Der Schlüssel zum Glücklichsein: unser Elend?

Eine der häufigsten Fragen, die ich als Priester gestellt bekomme, lautet: „Wie erkenne ich Gottes Willen?“ Die Kirche lehrt, dass das Befolgen der Gebote Gottes und das Ausharren in den täglichen Pflichten unseres Lebensstandes Gottes Wille ist. Vielleicht fragt ihr euch jetzt: „Es muss doch noch mehr im Leben geben, als im Stau zu stehen, bei der Arbeit frustriert zu sein, nach Hause zu kommen und das Abendessen zu kochen, meinen Kindern bei den Hausaufgaben zu helfen, zu versuchen, meine Rechnungen zu bezahlen, während ich mit meinem Ehepartner uneins bin, und dann am nächsten Tag aufzustehen und alles zu wiederholen. Genauso werden wir geheiligt: durch die Treue in unseren Pflichten. Egal, wie schwierig die Dinge werden, den Menschen, die von uns abhängen, treu zu bleiben, bringt viele Gnaden. Fragt nur den hl. Josef, den Arbeiter.

Den Willen Gottes zu tun und nicht unseren eigenen Willen, ist das höchste Glück, denn es bringt die Gnaden, die wir für unser Heil brauchen. Der Feind unseres Heils, die Sünde, ist nichts anderes als die Unabhängigkeit von Gottes Willen für unser Leben. Mit anderen Worten: Sünde bedeutet, kein Vertrauen zu haben. Es bedeutet im Grunde, zu Gott zu sagen: „Ich mache es auf meine Weise, nicht auf deine Weise.“ Beratet euch mit Gott, bevor ihr eine neue Stelle annehmt oder in eine neue Stadt zieht? Bittet ihr darum, dass Gottes Wille geschieht, bevor ihr euch zu größeren Veränderungen in eurem Leben entschließt? Wenn ihr das nicht tut, handelt ihr vielleicht gegen den Willen Gottes. Und wenn ihr das tut, macht ihr euch selbst anfälliger für Sünde, was euch letztlich von Gottes Gnade abschneidet.

Wenn wir uns von Gottes Gnade abschneiden, was sind wir dann? Die Antwort ist: erbärmlich. Aber verzweifelt nicht, Jesus hat uns gesagt, dass es hier eine große Chance gibt. Faustyna sagte, dass das Geheimnis des Glücks darin besteht, sich immer seines eigenen Elends bewusst zu sein. Ja, denn nur dann erkennen wir, dass wir der Barmherzigkeit Gottes bedürfen; und oft ist das der Grund, warum Er unser Leid zulässt. Wenn wir uns im Elend an Ihn wenden, können wir Seine Barmherzigkeit noch besser empfangen.

Jesus sagte weiter zur hl. Faustyna: **„Nichts wird Mich hindern, dir Gnaden zu schenken. Meine Barmherzigkeit stört sich an deinem Elend nicht. Schreibe, Meine Tochter: Je größer das Elend, desto größer das Recht auf Meine Barmherzigkeit, [überrede] alle Seelen dazu, dem unbegreiflichen Abgrund Meiner Barmherzigkeit Vertrauen zu schenken, denn Ich möchte alle retten“** (*TB* 1182).

Nur sehr wenige Menschen sind sich bewusst, dass der Schlüssel zum Glück im Bewusstsein unseres Elends und der Barmherzigkeit Gottes liegt. Wenn wir die Wahrheit über unsere eigenen Grenzen und unser Elend nicht akzeptieren, können wir nicht vertrauen. Wenn wir nur nach zeitlichem Glück streben und denken, dass dies all unser geistliches Elend verdecken wird, werden wir Jesus niemals vertrauen.

In seinem Buch *Stepping on the Serpent* macht Pater Thaddaeus Lancton MIC mehrere großartige Aussagen über den paradoxen Wert unseres Elends.[17] Er weist darauf hin, dass viele Menschen zu Jesus kamen, weil sie ihr Elend und ihre

Unfähigkeit, sich selbst zu helfen, erkannten. Ihr Leid und ihr Elend zwangen sie auf die Knie und ließen sie um Erbarmen bitten. Erst dann konnte Jesus ihnen helfen. Pater Lancton erklärt, dass die Erkenntnis, dass wir Gott brauchen, der Schlüssel zu unserer Errettung ist. Nur wenn wir unser Elend und unsere Hilflosigkeit zu Jesus bringen, kann Er uns vollständig helfen.

Die Heilige Schrift sagt uns, dass die einzige unverzeihliche Sünde die Sünde gegen den Heiligen Geist ist, die Sünde der endgültigen Unnachgiebigkeit, die geschieht, wenn eine Seele sagt: „Ich brauche die Barmherzigkeit Gottes nicht, mir geht es gut. Ich bin gut angesehen, ich habe Gesundheit und Geld – ich habe alles, was ich brauche." Tappt nicht in diese Falle; kein irdischer Besitz und kein Lob kann wahres Glück schenken. Jesus sagt uns, dass alles, was wir wirklich haben, unser Elend ist. Das Glück kommt aus Seiner Barmherzigkeit.

Die hl. Faustyna hatte dieses Gespräch mit Gott:

> … ich habe mich dir ganz hingegeben; ich besitze nichts mehr, was ich dir noch schenken könnte. Jesus sagte mir darauf: **„Meine Tochter, du hast Mir nicht geschenkt, was tatsächlich dein ist."** Ich ging in mich und erkannte, dass ich Gott mit aller Kraft meiner Seele liebe. Ich konnte nicht sehen, was ich dem Herrn nicht gegeben hätte. So fragte ich: „Jesus, sage es mir und ich will es dir sofort mit der ganzen Fülle meines Herzens geben." Jesus sagte gütig: **„Tochter, schenke Mir dein Elend, denn das ist ausschließlich dein Eigentum."** –

> In dem Moment wurde meine Seele von einem Lichtstrahl erhellt und ich sah den ganzen Abgrund meines Elends (*TB* 1318).

Der Wert der Hingabe

Das ist die Bedeutung von Hingabe. Das ist, wenn man sagt: „Herr, ich gebe alles dir. Ich kann nicht mehr tun. Ich vertraue darauf, dass du irgendwie, auf irgendeine Weise, ein größeres Gut aus meinem Leiden machen wirst (mehr dazu in Kapitel 5). Ich sehe es nicht, aber ich vertraue darauf, dass du es geschehen lässt, indem du barmherzig zu mir bist, ganz gleich, wie du diese Barmherzigkeit gewähren willst." Das bedeutet also nicht, dass ihr plötzlich im Lotto gewinnt, um alle eure Rechnungen zu bezahlen; es kann sogar sein, dass Gott Zeiten verlängert, in denen ihr auf etwas verzichten müsst. Es geht darum, sich dem Willen Gottes in eurem Leben zu unterwerfen, der nicht immer mit eurem Willen übereinstimmt.

Pater Lancton weist auf die Versuchung hin zu denken, dass Barmherzigkeit bedeutet, vor dem Kreuz gerettet zu werden, anstatt durch das Kreuz gerettet zu werden. Selbst der hl. Petrus machte diesen großen Fehler. Petrus lernte diese Lektion, als er Jesus drängte, nicht nach Jerusalem zu gehen, damit Er das Kreuz vermeiden konnte. Jesus wies ihn zurecht: „Geh hinter mich, Satan!" (Mt 16,23). Aber ironischerweise spielt sogar der Satan eine Rolle in Gottes Plan, denn er wird benutzt, um uns zu prüfen. Gott hat den Satan ausgetrickst, weil Er weiß, dass der Teufel unsere Armut und unser Elend aufdecken wird, und das ist der Weg, auf dem wir zu Gottes Barmherzigkeit geführt werden können. Der Satan will uns glauben machen, dass wir nichts haben, und er wird uns zeigen, wie schwach und zerbrochen wir sind, und das ist genau das, was Gott uns zeigen will! Was für eine Ironie!

Denkt daran, dass Gott selbst aus dem schlimmsten Bösen etwas Gutes machen will. Wenn der Satan alle unsere Fehler und Schwächen aufdeckt, muss uns das nicht in die Verzweiflung treiben, denn das ist das Ziel des Satans. Es kann sogar eine gute Sache sein, denn es kann uns an den Punkt bringen, an dem wir sagen: „Du hast recht, ich habe nichts – ich brauche dich, Herr." Das ist es, was nötig ist, damit wir um Gnade bitten. Ich erinnere mich, wie einer der Heiligen sagte: „Ich will nackt vor dich hintreten, Herr, mit nichts als deiner Barmherzigkeit."

Gott mag uns oft schweigsam erscheinen und ich gebe selbst zu, dass ich das von Zeit zu Zeit empfinde. In unseren Prüfungen mag es scheinen, als sei Gott nicht da. Aber wie Pater Lancton betont, ist das Kreuz nie das letzte Wort Gottes. Es ist die Auferstehung, die das letzte Wort hat. Wir müssen nur zuerst durch das Kreuz gehen, um in die Herrlichkeit der Auferstehung zu gelangen. Die hl. Faustyna schrieb: Ich bitte nicht, Herr, dass du mich vom Kreuz abnimmst, sondern ich bitte dich um die Kraft, an ihm auszuharren (*TB* 1484).

Gott kann erlauben, uns am Kreuz zu belassen, wenn unsere Bitte, vom Kreuz abgenommen zu werden, nicht das Beste für uns ist. Es ist wahr, dass wir oft mit den falschen Motiven beten (siehe Jak 4,3). Deshalb gibt Gott uns nicht immer das, worum wir bitten, oder Er gibt es nicht so, wie wir es erbitten. Ein Beispiel wäre, für jemanden zu beten, der im Sterben liegt, und Gott zu bitten, ihn leben zu lassen – ein ewiges Leben auf dieser Erde mit all ihrem Leid ist nicht unbedingt immer ein Segen.

Wenn wir jemals in der Lage sein wollen, uns ganz hinzugeben und unser Leiden vertrauensvoll anzunehmen, müssen wir zunächst seinen Wert verstehen (dies ist das Thema des letzten Kapitels). Leiden kann zweierlei bewirken: Es kann uns zu Misstrauen und Bitterkeit führen, oder es kann uns zu Vertrauen führen, wenn wir sagen: „Herr, jetzt brauche ich dich mehr denn je." Der sel. Sebastian Valfre (1629-1710) hat einmal gesagt: „Wenn alles vorbei ist, wirst du nicht bedauern, gelitten zu haben; du wirst vielmehr bedauern, so wenig gelitten zu haben und dieses Wenige so schlecht gelitten zu haben."[18]

Obwohl wir nicht wahllos nach mehr Leid fragen sollten, sollten wir das Leid auch nicht ignorieren. Auch hier hat Pater Lancton einige gute Argumente. Er sagt, wir können und sollten uns bei Gott beschweren. Tatsächlich gibt es in der Bibel Psalmen, die sogenannten Klagepsalmen (z.B. Ps 6, 86, 130), die uns helfen können, unsere wahren Gefühle gegenüber dem Herrn auszudrücken, selbst wenn wir verzweifelt sind und uns das Vertrauen fehlt. Wir können uns bis zu einem gewissen Punkt beklagen, denn es zeigt, dass wir glauben, dass Gott uns zuhört. Scheut euch nicht, euch bei Ihm zu beklagen, auch wenn es um andere Menschen geht, die unsere Geduld bis zum Äußersten auf die Probe stellen. Selbst in dieser Situation hat Gott das größere Wohl im Sinn.

Es gibt immer wieder Beispiele dafür, dass Jesus weltliche Menschen zu Seiner Ehre einsetzt. Er lässt zum Beispiel Menschen in unser Leben, die unsere Geduld auf die Probe stellen, weil sie uns die Möglichkeit geben, in der Tugend zu wachsen. Die Enttäuschung, die wir gegenüber solchen Menschen empfinden, kann uns die Notwendigkeit bewusst machen, für sie zu beten, was ihnen wiederum bei ihrer eigenen Rettung hilft. Nur Gott konnte sich einen solchen Masterplan ausdenken. Wie bereits erwähnt, werden wir dies im 5. Kapitel ausführlicher behandeln.

Liebe ist nicht nur eine Emotion

Ja, es ist sehr schwierig, diejenigen zu lieben, die uns frustrieren oder leiden lassen, aber wir müssen es tun, weil Jesus sagt, dass „sogar die Sünder diejenigen lieben, die sie lieben" (Lk 6,32). Wir sind also zu der schwierigsten Art der Liebe aufgerufen, nämlich auch diejenigen zu lieben, die uns hassen und verfolgen. Wie können wir das tun? Nun, wenn Liebe nur ein Gefühl wäre, könnten wir es nicht. Glücklicherweise ist die Liebe nicht nur ein Gefühl, sondern ein Akt des Willens. Ich kann mich dafür entscheiden, dich zu lieben, was auch immer geschieht, in guten wie in schlechten Zeiten, in Reichtum wie in Armut, so wie es die katholischen Eheleute einander versprechen.

Ich empfinde nicht immer das Gefühl der Liebe, wenn ich mich über jemanden ärgere, der mir wichtig ist. Aber ich entscheide mich dafür, ihn zu lieben, auch wenn ich wütend bin.

Wenn es nur um Emotionen ginge, die wie eine Achterbahn auf und ab fahren, würden keine Beziehungen die Zeit überdauern. Genau das ist der Grund, warum heute so viele Ehen geschieden werden – die säkulare Welt hat die Liebe neu definiert, nicht auf der Grundlage der Wahrheit, sondern auf der Grundlage von Gefühlen. Wenn wir jemanden wirklich lieben, wollen wir sein Wohl. Liebe bedeutet, unter allen Umständen das Wohl des anderen zu wollen, auch wenn er uns verärgert.

Ein gutes Beispiel für diesen Punkt ist meine Schwester Pam. Vor ein paar Jahren verließ ihr Mann sie nach 24 Jahren Ehe und zwei Kindern wegen einer außerehelichen Affäre. Er hatte sich mehrere Jahre lang heimlich mit einer Frau getroffen und verkündete Pam eines Tages: „Ich liebe dich, aber ich bin nicht mehr in dich verliebt." Er verließ sie sofort und beendete die Ehe. Zu sagen, dass meine Schwester am Boden zerstört war, wäre eine Untertreibung – ihre ganze Welt war in einem Augenblick zerstört.

Wenn es jemals ein Beispiel dafür gab, dass jemand einen guten Grund hatte, wütend und verärgert über einen anderen Menschen zu sein, dann war sie es. Obwohl mein Ex-Schwager derjenige war, der die volle Schuld trug, spielte seine „Freundin" eine große Rolle bei der Zerstörung der Ehe meiner Schwester. Als Pam verzweifelt versuchte, sich einen Reim auf diese sinnlose Situation zu machen, fing sie an, weitere Teile des Puzzles zusammenzusetzen. Sie erfuhr, dass es sich bei der Frau um eine sehr gestörte Seele handelte, die viele Wunden aus der Vergangenheit hatte, so dass ihr psychischer Zustand extrem instabil war.

Sie war sogar so verzweifelt, dass mein Ex-Schwager und sie eines Tages nach der Scheidung im Auto saßen, als sie einen Bahnübergang erreichten. Als sich der Zug näherte und sie warteten, setzten sie einen Streit fort, der schon den ganzen Morgen andauerte. Als sie den Siedepunkt erreicht hatten, stürzte die Frau plötzlich und ohne Erklärung aus dem Auto und sprang auf die Gleise vor den Zug, als dieser gerade einfuhr. Der Zug zerschnitt sie buchstäblich in zwei Hälften. Sie war auf der Stelle tot.

Im irdischen Sinne hätte Pam das Recht gehabt, diese Frau nicht zu mögen oder sogar zu hassen. Stattdessen fand ich Jahre später in einem Gespräch mit meiner Schwester heraus, dass sie seit dem Moment dieser Tragödie jeden Tag ernsthaft für sie gebetet hatte. Völlig erstaunt fragte ich Pam, warum sie das tue, und sie sagte ganz unschuldig: „Ich bete ständig für sie, auch wenn mir selten danach ist. Ich tue es, weil ich weiß, dass es das Richtige ist. Sie war eine gestörte Person, die offensichtlich in ernsten moralischen Schwierigkeiten steckte, sowohl wegen des Ehebruchs als auch wegen ihres Selbstmords. Mir wurde klar, dass ihre Seele in Gefahr sein könnte, und es gibt keinen Zeitpunkt, an dem wir wollen sollten, dass eine Seele verloren geht, ganz gleich, wer sie ist. Mir wurde klar, dass Gott ihr auch vergeben würde, wenn ich ihr als derjenigen, die sie verletzt hat, verzeihen würde.

Alles, was ich zu diesen Worten sagen kann, ist: „Wow!" Hier bin ich der Priester in der Familie und meine Schwester lehrt mich, was es heißt, ein lebendiges Beispiel für Christus zu sein. Wenn ich nur ein halb so wahrer Christ sein kann wie sie, werde ich mich als guten Menschen betrachten. Ich hoffe, dass ich eines Tages das Niveau an Liebe und Tugendhaftigkeit erreichen kann, das meine Schwester erreicht hat. Gott segne sie!

Denkt daran: Je wertvoller etwas ist, desto mehr müssen wir bezahlen, um es zu erlangen. Das Wertvollste auf der Welt ist die menschliche Seele und alle Seelen haben ihren Preis. Jesus sagte zur hl. Faustyna: **„[J]ede Bekehrung einer sündigen Seele verlangt Opfer“** (*TB* 961). Wenn uns die Seelen wertvoll sind, ist kein Preis zu hoch, um ihn zu bezahlen. Wenn nicht, dann werden wir das Kreuz, das Gott uns für sie auferlegt, als einen zu hohen Preis betrachten.

Unterm Strich hatte meine Schwester die Wahl: Wenn ihr die Seele der Frau egal gewesen wäre, hätte sie einfach froh sein können, dass die Frau aus ihrem Leben verschwunden ist – sogar, dass sie tot ist. Aber meine Schwester entschied sich, für ihre Seele zu beten, weil sie weiß, wie kostbar eine Seele ist. Und kein Kreuz war zu schwer, um es zu tragen. Diese Geschichte lehrt uns also, dass wir im Gegenzug für etwas, das uns Schmerz und Leid verursacht und das schließlich enden wird, für uns und andere ewiges Leben gewinnen können, das niemals endet.

Manchmal scheint es jedoch, dass Gebete für bestimmte Seelen Zeitverschwendung sind, weil sie anscheinend „zu weit gegangen“ sind oder nicht bereit sind, sich jemals zu ändern. In der Tat können wir das gleiche Gefühl auch bei uns selbst haben. Ich habe oft gehört, wie Menschen sagten: „Pater, ich gehe nicht in die Kirche, weil es heuchlerisch wäre, das zu tun. Sie haben ja keine Ahnung, was für ein schlechter Sünder ich bin.“ Ich antworte ihnen immer: „Wirklich? Du denkst, deine Sünden sind größer als Gottes Barmherzigkeit? Vielleicht solltest du dir anhören, was die hl. Faustyna dazu zu sagen hat!“

Seid ihr zu sündig, um Gottes Barmherzigkeit zu empfangen?

Jesus sagte zur hl. Faustyna:

> **Ich wünsche Vertrauen von Meinen Geschöpfen; ermuntere die Seelen zu großem Vertrauen auf Meine unerschöpfliche Barmherzigkeit. Eine schwache, sündige Seele soll nicht fürchten, sich Mir zu nahen, auch wenn sie mehr Sünden hätte, als Sand ist auf Erden. Alles versinkt im Abgrund Meiner Barmherzigkeit** (*TB* 1059).

Da Gott sich nicht ändern kann, können auch unsere Sünden nichts an Seiner Liebe zu uns ändern. Wenn ihr euch ungeliebt fühlt, ist das nicht so. Ich kann euch garantieren, dass ihr geliebt werdet. Tatsächlich werdet ihr von dem wichtigsten Wesen überhaupt geliebt: von Gott. Wenn Er euch nicht lieben würde, würdet ihr diesen Satz nicht lesen. Allein die Tatsache, dass ihr atmet und dass es euch gibt, ist ein positiver Beweis für Gottes Liebe zu euch. Gott schafft aus Liebe und erhält aus Liebe und ihr wurdet geschaffen und werdet jetzt von dieser Liebe erhalten. Daran können auch unsere Sünden nichts ändern.

Überraschenderweise geht es bei der Heilung unserer Sünde nicht darum, mehr zu tun, sondern mehr zu empfangen. Selbst unsere Gebrechlichkeit wird den Vater nicht davon abhalten, uns zu lieben, also können wir diese Liebe genauso gut annehmen! Wie wir schon sagten, ist Gottes Liebe wie die Sonne – sie hört nie auf, auf uns zu scheinen. Ich erinnere mich, dass ich einmal an einem regnerischen Tag in einem Flugzeug saß; die Wolken waren dicht und es war erbärmlich kalt, dunkel und trostlos draußen. Als wir die Landebahn verließen und über den Wolken aufstiegen, stellte ich fasziniert fest, dass die Sonne so hell wie immer schien. Sie hört nie auf zu scheinen. Das ist wie Gottes Liebe: Selbst, wenn wir eine dicke Schicht von Sünde und Gebrochenheit in unserem Leben haben, ist Seine Liebe für uns da. Wir müssen die Wolken des Misstrauens aus dem Weg räumen, damit die Strahlen der Liebe Gottes – die Strahlen der Göttlichen Barmherzigkeit – heller als je zuvor auf uns scheinen können und wir sie in vollem Umfang empfangen können.

Im ersten Kapitel haben wir über die Werke der Barmherzigkeit gesprochen und darüber, warum es wichtig ist, diese Taten der Liebe zu *tun*. Aber jetzt möchte ich das mit unserer aktuellen Diskussion darüber verknüpfen, wie wir Liebe *empfangen* können. Wir denken immer, wenn wir den Armen helfen, seien es die Armen, die davon profitieren, und das ist in einem physischen Sinne wahr. Aber in einem geistlichen Sinn sind wir diejenigen, die mehr erhalten als sie, denn es sind die Armen, die unsere Herzen öffnen und uns die Möglichkeit geben, überhaupt wohltätig zu sein. Dafür erhalten wir jede Menge Gnaden. Das ist ein großartiges Konzept, über das man nachdenken sollte.

Pater Lancton betont, dass es bei der Liebe um Geben und Nehmen geht. Gott sagt, dass wir so viel von uns selbst geben sollen, dass wir leer werden, damit wir dann empfangen und von Gott erfüllt werden können. Wenn wir von dieser Welt erfüllt sind, kann Gott uns nicht mit der kommenden Welt erfüllen. Pater Lancton erklärt, dass das Hochzeitsmahl in Kana diesen Punkt veranschaulicht. Maria setzte die Braut und den Bräutigam und ihre Familie nicht der Schande aus, als ihnen der Wein ausging. Vielmehr brachte sie das Problem in aller Stille zu Jesus und auf dieselbe Weise bringt Maria auch unseren Mangel, unsere Leere und unsere Gebrochenheit in aller Stille zu Jesus.

Der Satan schreit: „Sieh dir deinen Mangel an! Du bist nichts als Leere!" Umgekehrt nimmt Maria in aller Stille diese Leere und füllt sie mit Christus. Jesus möchte unsere Leere auf dieselbe Weise füllen, wie Er die Krüge in Kana mit Seinem göttlichen Wein füllte. Welcher Wein ist das? Der Heilige Geist. Wir müssen jedoch bedenken, dass dazu unser Vertrauen und unser Gehorsam notwendig sind. Wie Jesus der hl. Faustyna erklärte, brauchen wir ein Gefäß, um all das aufzunehmen (wie die Krüge zu Kana), und dieses Gefäß ist das *Vertrauen.*

In Kana sah Maria, dass die Weinkrüge leer waren, und so brachte sie das Problem zu Jesus (vgl. Joh 2,1-11). Auf ähnliche Weise bringt sie uns in unserer Leere zu ihrem Sohn. Bei der Hochzeit sagte sie dem Herrn nicht, wie Er das Problem lösen sollte, sondern sie wartete voller Vertrauen. Maria, die ihrem Sohn die leeren Krüge anvertraut hat, damit Er sie fülle, lädt uns ein, auch die leeren geistlichen „Krüge" – unsere Herzen – füllen zu lassen. Wir müssen nur darauf vertrauen, dass Er dies tun wird.

Wir müssen Gott vertrauen, aber kann Er uns auch vertrauen?

Wir sehen also, dass der Schlüssel, um von Gottes Gnade erfüllt zu werden, darin liegt, Ihm zu vertrauen, aber so ungerechtfertigt es auch scheint, Gott vertraut uns tatsächlich viel mehr als wir Ihm vertrauen. Verrückt, nicht wahr? Ein Beispiel wäre unsere eigene Familie. Gott vertraut uns Seelen an; in der Ehe vertraut Er euch euren Ehepartner an, ebenso wie eure Kinder. Das ist eine große Verantwortung, die Gott euch gegeben hat. Deshalb müsst ihr Ihm vertrauen, indem ihr im Gebet mit Ihm sprecht und Ihn bittet, euch zu leiten, damit ihr Seinen Willen in eurem Leben und im Leben derer, die ihr liebt, tut. Die Entscheidung zu heiraten, bedeutet, dass ihr eine Brücke zwischen euch beiden und eurem Elend und zwischen euch beiden und Gottes Barmherzigkeit baut. Die Strapazen der Ehe und das Aufziehen einer Familie sind Gelegenheiten für euch, in der Tugend zu wachsen.

Darauf aufbauend ist die wichtigste Art und Weise, in der Gott uns vertraut, Seine eigene Person in der Eucharistie. Deshalb geht es bei der Andacht zur Göttlichen Barmherzigkeit nicht nur um unsere Hingabe an Gott, sondern auch um Gottes Hingabe an uns. Können wir Ihm also nicht auch vertrauen? Der sel. Franz Xaver Seelos schrieb: „Keiner der Verdammten ist jemals verloren gegangen, weil seine Sünde zu groß war, sondern weil sein Vertrauen zu klein war.“[19]

Das ist es, worum es im Leben und in der Spiritualität der hl. Faustyna geht: *Vertrauen* und *Barmherzigkeit.* Bitte nehmt euch ihre Botschaft zu Herzen – sie ist keine freiwillige Botschaft und ihr könnt es euch nicht leisten, sie zu ignorieren. Sie ist der Schlüssel zum Himmel. Jesus, ich vertraue auf dich!

Schauen wir uns nun diese Elemente der Andacht zur Göttlichen Barmherzigkeit an, die Jesus der hl. Faustyna anvertraut hat, um sie der Welt weiterzugeben, beginnend mit dem größten von allen, dem Fest der Göttlichen Barmherzigkeit.

KAPITEL III

Das Fest der Göttlichen Barmherzigkeit

Im letzten Kapitel haben wir einen Überblick über das erstaunliche Leben und die Spiritualität der hl. Faustyna zusammengefasst. Was beides so wirklich bemerkenswert macht, ist die Tatsache, dass ihr Leben äußerlich so schlicht erschien und die Einfachheit ihres Charakters viele zu der Annahme verleiten würde, dass ihre Spiritualität im Inneren oberflächlich war. Das Gegenteil ist der Fall, die hl. Faustyna war von Gottes Gnaden erfüllt und erreichte die Höhen der Heiligkeit, wodurch sie zu einem Vorbild für alle Christen wurde, dem sie folgen sollten. Sie zeigt, dass Gott jeden brauchen kann, selbst den einfachsten und ungebildetsten, um Seinen Willen zu erfüllen.

Die hl. Faustyna hatte nur eine sehr begrenzte formale Bildung, und doch verfasste sie einen der großen Klassiker unserer Zeit, die *Göttliche Barmherzigkeit in meiner Seele*, den wir im letzten Kapitel vorgestellt haben. Wir haben erklärt, dass Jesus, der Faustyna bei mehreren Gelegenheiten und über einen Zeitraum von fast acht Jahren, beginnend im Jahr 1931, erschien, ihr fünf neue Gnadenkanäle gab, die als *Andacht zur Göttlichen Barmherzigkeit* bekannt sind. Diese Andacht hat die Welt verändert.

Diese neuen Gnadenkanäle sollten der Welt geschenkt werden, um das ABC der Barmherzigkeit wiederzuerwecken, das wir bereits beschrieben haben. Während diese ABCs – die *Botschaft der Göttlichen Barmherzigkeit* – die Grundlage für das Vertrauen und die Barmherzigkeit bilden, die wir für unsere Erlösung brauchen, liefern die Elemente der Andacht zur Göttlichen Barmherzigkeit die Gnaden, die wir brauchen, um im Vertrauen zu wachsen und besser bereit zu sein, Gottes Barmherzigkeit zu empfangen.

Wir werden jeden dieser fünf Gnadenkanäle in den kommenden Kapiteln besprechen, aber um sie kurz zusammenzufassen, handelt es sich um das **Fest** der Göttlichen Barmherzigkeit, das **Bild** (Image) der Göttlichen Barmherzigkeit, die **Novene** bestehend aus den Barmherzigkeitsrosenkränzen, den **Rosenkranz** (Coronca) zur Göttlichen Barmherzigkeit und die **Stunde** (hour) der Barmherzigkeit (15.00 Uhr) – merkt euch die Abkürzung **FINCH**. All dies erhielt die hl. Faustyna direkt von Jesus selbst, der sich danach sehnte, die Menschheit in die Quelle Seiner Barmherzigkeit zu tauchen und unendliche Gnaden aus dem Abgrund Seines barmherzigen Herzens über uns auszuschütten.

Das Fest der Göttlichen Barmherzigkeit
(Der achte Tag)

Lasst uns zunächst über die vielleicht größte aller göttlichen Barmherzigkeitsgnaden sprechen: das *Fest der Göttlichen Barmherzigkeit*. Was ist dieses Fest und wann wird es gefeiert? Das Fest der Göttlichen Barmherzigkeit, auch bekannt als *Barmherzigkeitssonntag*, wird jedes Jahr am Zweiten Ostersonntag gefeiert (der Sonntag, der auf den Ostersonntag folgt).

Jesus hat deutlich gemacht, sehr deutlich sogar, dass dieses Fest genau an diesem Tag gefeiert werden muss, und die Gründe dafür sind bedeutsam. Wie wir erklären werden, ist es die Oktav der Feier des Osterfestes, dem Tag der Auferstehung Christi (Oktav bedeutet: der achte Tag nach einem Fest).

Wenn wir den Ostersonntag als Tag Eins bezeichnen und den darauffolgenden Sonntag abschließen, nennen wir den Barmherzigkeitssonntag den „achten Tag" oder die „Osteroktav". Dieser Tag wurde von Christus durch die hl. Faustyna als der letzte Tag der Gnade bestimmt. Die Begründung dafür geht auf die jüdischen Wurzeln des Christentums zurück.

Unser christlicher Glaube stammt von den Juden ab und als Christen haben wir viele ihrer Traditionen des religiösen Gottesdienstes und der liturgischen Praktiken übernommen. Ein Beispiel dafür sind die religiösen Feste und wie sie gefeiert werden. Bei wichtigen Festen des hebräischen Kalenders feierte das jüdische Volk ein Fest mehr als einen Tag lang; tatsächlich feierten sie ein Fest an acht aufeinanderfolgenden Tagen. Diese wichtigen Feste, die im jüdischen Glauben als Oktav bekannt sind, waren allesamt festliche Tage, an denen Gott geehrt und verehrt wurde und an denen man Ihm für die vielen Segnungen, die man von Ihm erhalten hatte, lobte und dankte.

Jüdische Feste dauerten deshalb acht Tage, weil die Zahl acht in der jüdischen Tradition eine große Bedeutung hat. Um zu verstehen warum, müssen wir ein wenig zurückgehen. In der *Katholischen Enzyklopädie* heißt es: „In der jüdischen Heortologie [Studium der Geschichte und Bedeutung der heiligen Kalender] spielt die Zahl sieben und nicht acht die Hauptrolle und dominiert den Jahreszyklus. Jeder siebte Tag ist ein Sabbat; der siebte Monat ist heilig; das siebte Jahr ist ein Sabbatjahr."[20]

Wir wissen, dass der Grund dafür biblisch ist: Die Zahl sieben ist die göttliche Zahl der Vollendung im Bereich der

Natur. Gott vollendete Sein Schöpfungswerk in sechs Tagen, aber Er vollendete diesen Akt der Barmherzigkeit, indem Er am siebten Tag „ruhte“. Daher ist die Sieben eine der mächtigsten Zahlen im Judentum, die sowohl für Gottes Bund mit den Menschen als auch für die Schöpfung, das Glück und den Segen steht. Die Zahl Sieben symbolisiert „die Gesamtheit der natürlichen Welt“.[21]

Da die Acht auf die Sieben folgt, ist es logisch, dass die Juden glaubten, diese Zahl habe eine spirituelle Bedeutung, die über die natürliche Welt hinausgeht. Sie betrachteten die Acht als eine Zahl, die neue Anfänge symbolisiert; sie ist die Zahl der Vollendung im übernatürlichen Bereich. Der achte Tag war der Tag der Beschneidung (siehe Gen 21,4; Lev 12,3; Lk 1,59; Apg 7,8 usw.). Das Laubhüttenfest und das Fest der Einweihung des Tempels unter Salomo sind weitere Beispiele für Feste, die am Oktavtag begangen wurden. Ein Tier konnte am achten Tag seines Lebens als Opfergabe angenommen werden. Viele weitere Beispiele gibt es. Daher kann der achte Tag (Oktavtag), von dem viele glauben, dass er nicht die gleiche symbolische Bedeutung hat wie der siebte Tag, in Wirklichkeit wichtiger sein.

In dem Artikel „Was ist die spirituelle Bedeutung der Zahl Acht?“ macht Eliezer Posner die folgenden Beobachtungen:

> In den kabbalistischen Lehren symbolisiert die Zahl Sieben die Vollkommenheit – eine Vollkommenheit, die mit natürlichen Mitteln erreicht werden kann –, während die Acht das symbolisiert, was jenseits der Natur und ihrer (von Natur aus begrenzten) Voll-

kommenheit liegt. Die Acht hingegen symbolisiert ein Wesen, das eine Stufe über der natürlichen Ordnung steht, höher als die Natur und ihre Grenzen. Deshalb ist Chanukka acht Tage lang – die Entschlossenheit der zahlenmäßig weit unterlegenen Makkabäer, gegen die Griechen zu kämpfen, war weder logisch noch natürlich. Sie schöpften aus Reserven des Glaubens und des Mutes, die nicht Teil der normalen menschlichen Natur sind. Deshalb verdienten sie ein Wunder, das über die Natur hinausging, – ein Wunder, das acht Tage dauerte – und um daran zu erinnern, zünden wir an Chanukka eine achtarmige Menora an.[22]

Da die Juden glaubten, dass die Zahl Acht Vollkommenheit und Vollendung jenseits unserer physischen Welt symbolisiert, machte es durchaus Sinn, dass Jesus verlangte, das Fest der Göttlichen Barmherzigkeit auf den achten Tag zu legen. Es steht für die Ewigkeit, für das, was über die natürliche Ordnung hinausgeht und ins Übernatürliche hineinreicht.

Um die Bedeutung des achten Tages besser zu verstehen, kann es hilfreich sein, einen Blick auf zwei unserer katholischen Feste zu werfen: Weihnachten und Ostern. In unserer Tradition haben wir viele unserer Feste als Oktaven gefeiert: Wir hatten die Pfingstoktav, die Fronleichnamsoktav und andere. Nach den jüngsten Reformen des Messbuchs feiern wir jedoch nur noch Weihnachten und Ostern als Oktavfeste. Fangen wir also mit Weihnachten an.

Wann beginnt Weihnachten? Die Weihnachtszeit beginnt technisch gesehen am ersten Weihnachtstag, oder wenn ihr die Vesper feiert, beginnt sie am Heiligen Abend. Im Grunde beginnt die Weihnachtsoktav am 25. Dezember, dem ersten Weihnachtstag, und endet in der darauffolgenden Woche am 1. Januar, dem achten Tag. Warum gehen wir jedes Jahr am 1. Januar in die Kirche, egal welcher Wochentag es ist? Wir gehen, um das *Hochfest der Gottesmutter Maria,* zu feiern. Und was ihr vielleicht nicht wisst, ist, dass der 25. Dezember, das Fest der Geburt unseres Herrn, und der 1. Januar, das Hochfest der Gottesmutter Maria, als ein einziges Fest gefeiert werden, das Weihnachten heißt und mit der Weihnachtsoktav endet. Das liegt daran, dass man die Geburt Christi nicht von Maria, Seiner Mutter, trennen kann.

Was ist mit Ostern? Wie ihr wisst, ist Ostern das wichtigste Fest (d.h. das höchste Fest) unseres liturgischen Jahres. Aber ihr wisst vielleicht nicht, dass wir dieses Fest auch acht volle Tage lang feiern, was dann mit der Osteroktav endet. Es beginnt am Ostersonntag, dem ersten Tag, und endet am darauffolgenden Sonntag, dem *Barmherzigkeitssonntag,* dem achten Tag. Das Römische Messbuch nennt ihn den „Zweiten Ostersonntag“, weil er der zweite Sonntag in der Osterzeit ist, die sich eigentlich bis Pfingsten – 50 Tage nach Ostern – erstreckt.

Die Osteroktav

Der Barmherzigkeitssonntag ist der letzte Tag der Osteroktav, der achte Tag, der der größte Tag der Oktav ist, der Höhepunkt des ganzen Festes. In gewissem Sinne ist der Barmherzigkeitssonntag der wichtigste Tag des wichtigsten Festes! Aber warum? Aufgrund dessen, was der achte Tag darstellt. Es ist eine Vollendung, die über die Vollendung unserer natürlichen Welt hinausgeht; es ist ein „Neuanfang" in der übernatürlichen Ordnung. Es ist eine Vollkommenheit, die über die Vollkommenheit der natürlichen Ordnung hinausgeht und uns in die Ewigkeit führt.

Manche mögen sich fragen: „Warum hat Gott so lange gewartet, um uns diesen größten Tag der Barmherzigkeit zu bringen?" In Wirklichkeit hat Er das nicht. Wie ihr auf unserer Website TheDivineMercy.org nachlesen könnt, wird dies im Detail so erklärt:

> Das Fest der Barmherzigkeit verkündet dieselbe Botschaft wie das Evangelium. Es ist kein neues Fest. Nach dem hl. Augustinus, dem hl. Gregor von Nazianz und den Apostolischen Konstitutionen feierte die frühe Kirche den Sonntag nach Ostern oder den Oktavtag von Ostern als einen großen Festtag (im Westen „Dominica in Albis" genannt – der Weiße Sonntag, der eine Zeit der Vergebung aller Sünden und Strafen war). Er bildete den Abschluss der acht österlichen Festtage und wurde vom hl. Augustinus als „Kompendium der Tage der Barmherzigkeit" bezeichnet. Mit anderen Worten:

> An diesem Tag dankt die Kirche Gott für Seine barmherzige Liebe, die in all den großen Taten aufleuchtet, durch die Er unsere Erlösung erlangt hat, insbesondere durch das Kreuz und die Auferstehung Seines Sohnes. Wie Papst Johannes Paul II. in seiner Regina-Caeli-Ansprache am Barmherzigkeitssonntag 1995 sagte, „ist die ganze Osteroktav wie ein einziger Tag", und der Oktavsonntag soll ein Tag des „Dankes für die Güte sein, die Gott den Menschen im ganzen Ostergeheimnis erwiesen hat".[23]

Das Problem war, dass niemand dieses Fest kannte, und so sagte Jesus zur hl. Faustyna, dass Er wollte, dass sie es der Welt von neuem verkündete (siehe *TB* 341). Der Grund, warum Christus dies betonte, lag in der Größe dieses Tages, wie wir in den obigen Aussagen von Papst Johannes Paul II. und dem hl. Augustinus lesen.

Denkt daran, wie schön das ist: Christus ist am Sonntag auferstanden, dem Tag nach dem jüdischen Sabbat (Samstag), dem zu beachtenden Ruhetag zu Ehren von Gottes Ruhetag und der Vollendung der Schöpfung. So beginnt am Ostersonntag eine „neue Schöpfung", ein Tag, an dem diese Welt nun durch das Leiden, den Tod und die Auferstehung Christi erlöst und neu gestaltet wird. „Wenn also jemand in Christus ist, dann ist er eine neue Schöpfung: Das Alte ist vergangen, siehe, Neues ist geworden" (2 Kor 5,17).

Diese Welt ist nun wieder mit Gott versöhnt, nachdem der Sündenfall im Garten Eden die Beziehung abgebrochen hatte. Der Ostersonntag gilt nun als Tag Eins, der erste Tag einer neuen Schöpfung, an dem Christus durch Seine Verdienste, die Er für uns auf Golgota erworben hat, die Türen zum Paradies geöffnet hat. Wenn wir nun sagen können, dass der Ostersonntag der erste Tag einer neuen Schöpfung hier auf Erden ist, dann ist doch alles in Ordnung, oder? Nicht ganz.

Die gesamte Menschheit ist erlöst worden, aber nicht alle Menschen werden gerettet werden. Unsere menschliche Natur ist immer noch gebrochen und wir kämpfen immer noch mit der Begierde und den Lastern, die sie als Folge der Erbsünde verursachen. Wir werden immer noch auf die Probe gestellt, wie die Schrift sagt: „Selig der Mann, der in der Versuchung standhält. Denn wenn er sich bewährt, wird er den Kranz des Lebens erhalten, der denen verheißen ist, die Gott lieben" (Jak 1,12). Das bedeutet, dass die Welt immer noch in einer Art Chaos steckt, da wir uns immer noch der Sünde und uns selbst zuwenden, anstatt unserem Schöpfer, was zu einer Welt voller Schmerz und Leid führt.

Die gute Nachricht ist, dass die Sünde zwar immer noch eine Realität ist, wir aber nicht mehr mit dem ewigen Tod aufgrund unserer Sünden rechnen müssen. Wir können jetzt von den Ketten befreit werden, mit denen der Satan versucht, uns zu fesseln, solange wir um Gottes Barmherzigkeit und Vergebung „bitten" (denkt an euer ABC!). Die Erlösung kommt nun zu uns durch das Lösegeld, das Jesus Christus am Kreuz für uns bezahlt hat. Dennoch müssen wir immer noch durch dieses Leben der Versuchung und der Prüfung gehen, durch dieses Tal der Tränen, und unsere Kreuze tragen, so wie Christus es tat. Aber eines Tages wird das alles vorbei sein, wenn wir in die Ewigkeit eingehen und im Himmel verherrlicht werden (beten wir darum), so wie Christus nach Seiner Auferstehung verherrlicht wurde.

Jetzt können wir sehen, dass wir, da Ostern Tag Eins dieser neuen Schöpfung ist, noch die nächsten „sieben Tage" durchhalten müssen, die symbolisch für unsere Pilgerreise hier auf der Erde, die Leben heißt, stehen. Obwohl wir erlöst sind, sind wir noch nicht in unserer wahren Heimat bei Gott. So wie die Israeliten nach ihrer Befreiung aus der ägyptischen Sklaverei durch die Wüste wanderten, um das Gelobte Land zu finden, sind wir auf der Pilgerreise des Lebens, um unser Gelobtes Land, den Himmel, zu finden. Eines Tages wird unser Pilgerleben in dieser natürlichen Welt zu Ende sein und wir werden in die übernatürliche Welt der Ewigkeit eintreten, was symbolisch am „achten Tag" unserer Reise zu Gott geschieht. Alles, was wir in diesem Leben tun, sollte uns darauf vorbereiten, für diesen Tag bereit zu sein.

Die Braut muss makellos sein

Dieser achte Tag ist der Tag, an dem Christus, der Bräutigam, Seine Braut – uns, die Kirche – abholen wird. Denkt daran, dass nach jüdischer Tradition jeder gute jüdische Mann seine jungfräuliche Braut nach Hause zu seiner Mutter und seinem Vater bringen möchte. Bei Christus ist es nicht anders – Er möchte Seine Braut mit in den Himmel nehmen, um Gott, den Vater, und Maria, Seine Mutter, zu treffen. Und nach der gleichen Tradition und der Heiligen Schrift will der Bräutigam, dass Seine Braut makellos und rein ist. Wenn also Jesus, der Bräutigam, am achten Tag zu Seiner Braut kommt, um sich mit ihr in der Ewigkeit zu vermählen, möchte Er auch, dass sie „weiß gekleidet“ ist, ohne Flecken und Makel (siehe Eph 5,27).

Das Problem ist, dass wir Sünder sind, und Gott weiß, dass keiner von uns völlig makellos ist. Wenn wir hier an spekulative Theologie denken, steckt Jesus in einem Dilemma: Er möchte Seine Braut abholen und Er möchte sie makellos haben, aber die Chancen stehen gut, dass wir nicht in diesem Zustand sein werden. Unser Hochzeitsgewand (unsere Seele) wird wahrscheinlich einen Fleck haben. Dieser Fleck wird entweder in Form einer unvergebenen Sünde oder einer zeitlichen Strafe sein, die auch nach der Vergebung unserer Sünden bestehen bleibt.

Der erste mögliche Fleck, die unvergebene Sünde, lässt sich im Sakrament der hl. Beichte leicht abwaschen. Wenn der Priester sagt, „Ich spreche dich los von deinen Sünden, im Namen des Vaters und des Sohnes und des Heiligen Geistes. Amen“, wird dir die Vergebung garantiert. Der Hauptgrund dafür, dass wir die Vergebung auf sakramentale Weise empfangen und unsere Sünden nicht einfach privat vor Gott bekennen wollen, liegt darin, dass Christus die Sakramente eingesetzt hat, damit sie durch Seine Kirche verwaltet werden.

Jesus hatte die ultimative Autorität, hier auf der Erde Sünden zu vergeben, aber wenn jemand „ultimative“ Autorität hat, hat er auch die Macht, diese Autorität zu delegieren. Als Jesus zu Seinen Jüngern sagte: „Wem ihr die Sünden vergebt, dem sind sie vergeben; wem ihr sie behaltet, dem sind sie behalten" (siehe Mt 16,19; 18,18; Joh 20,23), gab Er ihnen und allen, die ihnen in apostolischer Nachfolge folgten (siehe Apostelgeschichte), die Vollmacht, in Seinem Namen Sünden zu vergeben. Der Himmel muss also dem Priester folgen, und wenn der Priester sagt, dass euch vergeben ist, dann sagt Jesus, dass es so sein soll! Wenn der Priester euch die Absolution erteilt, ist euch die Vergebung garantiert, sonst wäre die Vollmacht Christi sinnlos!

Der andere Makel, mit dem wir vielleicht zu kämpfen haben, ist die *zeitliche Strafe*, die auf unserer Seele lasten könnte, auch wenn unsere Sünde vergeben ist. Ich verwende das Wort „Strafe" nur zögernd (vor allem, weil die Kirche es verwendet), denn es ist vielleicht einfacher, es sich als liebevolle Disziplinierung durch einen fürsorglichen Vater vorzustellen. Nehmen wir an, dieser Vater sagt seinem Sohn, er solle nicht im Vorgarten Baseball spielen, weil eines der Fenster im Haus zu Bruch gehen könnte. Der Vater geht dann zur Arbeit, die Freunde des Sohnes kommen vorbei und überzeugen ihn, dass ein kurzes Baseballspiel nicht zu zerbrochenen Fenstern führen wird.

Und tatsächlich: Der Junge schlägt einen Ball direkt durch ein Fenster, genau wie sein Vater ihn gewarnt hatte. Als der Vater später nach Hause kommt und das zerbrochene Fenster sieht, ist er sehr enttäuscht. Sanft schaut er seinen Sohn an, der den Kopf gesenkt hält, und sagt sanft, aber bestimmt: „Sohn, ich vergebe dir." Doch bevor sich der Sohn zu sehr erfreuen kann, spricht der Vater die Strafe aus: „Weil ich dich liebe und will, dass du daraus eine Lehre ziehst, bekommst du zwei Wochen Hausarrest und bezahlst das von deinem Taschengeld."

Ihr seht, obwohl unsere Sünden vergeben sind, gibt es immer noch Konsequenzen, denn diese Sünden betreffen nicht nur uns, sondern auch den Rest des Leibes Christi – und nicht nur den Leib Christi, sondern die gesamte moralische Ordnung der Schöpfung Gottes. Wie in Kapitel Eins erklärt, schafft die Sünde eine Disharmonie in Gottes Universum; während die Wunde der Sünde in der hl. Beichte geheilt wird, kann die Narbe am Leib Christi dennoch bleiben. Wenn dies der Fall ist, bleibt uns eine zeitliche Strafe für unsere Sünden, die entweder in diesem Leben oder nach unserem Tod (auch Fegefeuer genannt) abgebüßt werden muss.

Einige von euch werden vielleicht sagen: „Mensch, ich dachte, die hl. Beichte sei alles, was ich brauche?" Das ist ein guter Punkt, denn das kann tatsächlich wahr sein. Die kirchliche Tradition besagt, wenn wir unsere Sünden beichten, die gesamte *ewige Bestrafung* durch die Sünde (auch bekannt als Hölle) aufgehoben wird. Mit anderen Worten: Solange wir eine gültige hl. Beichte abgelegt haben, droht uns nicht mehr das Feuer der Hölle. Aber die zeitliche Strafe ist eine andere Sache.

Obwohl unsere Sünden im Beichtstuhl vergeben wurden, kann die zeitliche Strafe für diese Sünden bestehen bleiben, es sei denn, wir haben unsere hl. Beichte mit vollkommener Zerknirschung (Reue) abgelegt. Vollkommene Zerknirschung ist unsere Reue über die Sünde, die allein durch den Glauben und die Liebe Gottes motiviert ist – im Gegensatz zur unvollkommenen Zerknirschung, die aus einem weniger reinen Motiv erwächst, wie z.B. dem gewöhnlichen Anstand (zu glauben, dass etwas „einfach falsch" ist), oder aus der Angst vor der Hölle und nicht wirklich aus Liebe zu Gott. Vollkommene Reue ist also nicht einfach; es ist sogar ziemlich schwierig, sie konsequent zu erreichen. Aus diesem Grund haben viele von uns noch eine zeitliche Strafe für ihre Sünden übrig (die, wie ich gerade erwähnt habe, in diesem Leben oder nach dem Tod getilgt werden kann).

Wie werden wir diese zeitliche Strafe los, so dass unser Hochzeitskleid, unsere Seele, makellos ist, wenn Christus schließlich am „achten Tag" zu uns kommt? Die Kirche gibt uns eine Reihe von Möglichkeiten an die Hand, uns von dieser Art von Flecken zu befreien. Eine der bekanntesten Möglichkeiten, die uns zur Verfügung stehen, ist das Geschenk, das durch die Autorität der Kirche gewährt wird und als Vollkommener Ablass bekannt ist.

Vollkommene Ablässe

Eine große Gnade, die uns aus der Schatzkammer der Kirche zuteilwird, ist die Möglichkeit, täglich einen Vollkommenen Ablass zu erhalten. Ein Vollkommener Ablass ist eine Gnade aus dem Gnadenschatz der Kirche, die an eine Handlung oder ein Gebet geknüpft ist und alle zeitlichen Strafen für bereits gebeichtete Sünden erlässt. Denkt daran: Auch wenn unsere Sünden in der hl. Beichte vergeben werden, müssen wir dennoch den Schaden wiedergutmachen, den sie der moralischen Ordnung des Universums Gottes und dem Leib Christi zugefügt haben. Wie wir bereits gesagt haben, haben unsere Sünden Konsequenzen.

Das Wort plenar bedeutet „voll". Folglich gibt es auch die Möglichkeit eines Teilablasses, der nicht alle, aber einen Teil der zeitlichen Strafe aufgrund der Sünde erlässt. Die Kirche lehrt, dass wir Ablässe für uns selbst oder für eine der Armen Seelen im Fegefeuer erlangen können, aber nicht für eine andere lebende Person.

Da der Ablass an die Erfüllung bestimmter Bedingungen geknüpft ist, glauben viele Menschen fälschlicherweise, dass der Ablass nur eine katholische „Vorschrift" ist, als ob jeder Katholik verpflichtet wäre, einen Ablass zu erlangen. In Wirklichkeit müssen wir ihn überhaupt nicht erlangen; er ist wie ein „Extrabonus", eine Möglichkeit, zusätzliche Gnaden für uns selbst oder für einen verstorbenen geliebten Menschen zu erlangen, wenn wir das wollen.

Jesus sagte zur hl. Faustyna: **„Die Seelen im Fegefeuer werden von Mir sehr geliebt. Sie leisten Meiner Gerechtigkeit Genugtuung. Es steht in deiner Macht, ihnen Linderung zu bringen. Nimm aus dem Schatz Meiner Kirche alle Ablässe und opfere sie auf für sie"** (*TB* 1226).

Es gibt viele Handlungen und Gebete, durch die wir einen Vollkommenen Ablass erlangen können, aber ich möchte auf die sogenannten „Großen Vier" eingehen. Ich bezeichne sie so, weil diese vier Vollkommenen Ablässe jederzeit, überall und ohne große Anstrengung erlangt werden können. Sie sind:

1. *Die Anbetung des Allerheiligsten Sakraments für mindestens eine halbe Stunde.*
2. *Die fromme Übung des Kreuzweges.*

3. *Das Beten des Rosenkranzes in einer Kirche, einer Kapelle oder mit einer anderen Person.*
4. *Das andächtige Lesen oder Hören der Heiligen Schrift für mindestens eine halbe Stunde.*[24]

Pro Tag kann nur ein Vollkommener Ablass gewonnen werden, die Zahl der Teilablässe ist jedoch unbegrenzt. Selbst wenn wir nicht alle Bedingungen für einen Vollkommenen Ablass erfüllen, erhalten wir einen Teilablass für unsere Bemühungen. Auf diese Weise können wir immer noch einen Teil der Strafe abtragen, die wir (oder eine Arme Seele) für vergangene Übertretungen verdient haben.

Diese vier Praktiken sind Quellen enormer Gnade, unabhängig davon, ob wir die damit verbundenen Ablässe erhalten oder nicht. Wir sollten sie zu einem regelmäßigen Bestandteil unseres geistlichen Lebens machen, wenn wir können.

Um einen Vollkommenen Ablass zu gewinnen, muss man laut der Kirche bestimmte Bedingungen erfüllen:

- Innerhalb von 20 Tagen nach der Handlung zur hl. Beichte gehen (eine hl. Beichte kann für mehrere Vollkommene Ablässe gelten).
- Empfang der hl. Kommunion (einmal für jede ablasswürdige Handlung).
- Beten für die Anliegen des Heiligen Vaters (z.B. *ein Vaterunser, ein Ave Maria und ein Ehre sei dem Vater* in seiner Meinung).

Beachtet, dass wir, wenn wir uns im Stand der Gnade befinden, bis zu 20 Tage vor oder nach der ablasswürdigen Handlung zur hl. Beichte gehen können, aber wenn wir uns nicht im Stand der Gnade befinden, müssen wir innerhalb von 20 Tagen vor der ablasswürdigen Handlung zur hl. Beichte gehen, um die hl. Kommunion würdig zu empfangen.

Die letzte Voraussetzung für den Erhalt des Ablasses ist, dass man nicht an einer Sünde hängt, auch nicht an einer lässlichen. Das ist nicht einfach, aber verzweifelt nicht! Denkt daran, dass es sich um zusätzliche Gnaden handelt und dass wir nicht unter der Strafe der Sünde stehen, wenn wir einen Ablass nicht perfekt ausführen.

Einige Teilablässe

Teilablässe sind in zwei Situationen möglich: 1) wenn wir nicht alle Kriterien erfüllen, um einen Vollkommenen Ablass für eine Handlung zu erhalten, oder 2) wenn die Kirche für eine bestimmte Handlung oder ein Gebet keinen Vollkommenen Ablass gewährt hat. Wenn wir also versuchen, einen Ablass zu gewinnen, werden wir ihn auf jeden Fall bekommen. Es kommt nur darauf an, ob wir alle oder nur einige der verfügbaren Gnaden erlangen. Beispiele für fromme Handlungen, die die Bedingungen für einen Teilablass erfüllen, sind:

- Das Kreuzzeichen machen
- Privates Beten des Rosenkranzes (nicht in Gemeinschaft mit anderen)

- Die eigenen Gedanken in frommer Weise zu Gott erheben
- Jesus in der hl. Eucharistie einen Moment lang anbeten
- Einen Katechismuskurs unterrichten oder besuchen
- Fasten
- Einen Heiligen an seinem oder ihrem Festtag verehren
- Almosen geben (den Armen oder Obdachlosen helfen)

Dies sind nur einige der vielen Teilablässe, die uns als Teil der Streitenden Kirche zur Verfügung stehen. Ich wette, viele von euch haben nie bemerkt, wieviele Gnaden für fromme Handlungen, die wir normalerweise ohnehin tun, zur Verfügung stehen, wenn wir nur darum bitten!

Kehren wir nun zu den Vollkommenen Ablässen zurück, die wertvoll, aber manchmal schwierig zu erlangen sind. Wie wir bereits erwähnt haben, müsst ihr die drei oben genannten Bedingungen erfüllen, um die *gesamte* Strafe für die Sünde erlassen zu bekommen, *und* ihr dürft nicht an einer Sünde hängen, auch nicht an einer lässlichen. Esst ihr gelegentlich zu viel? Kämpft ihr mit unreinen Gedanken? Ertappt ihr euch oft dabei, dass ihr etwas zuviel redet? Wenn ja, habt ihr vielleicht eine gewisse Anhaftung an die Sünde, und es ist nicht immer leicht, diese Anhaftung zu überwinden.

Neben dem Vollkommenen Ablass sagt uns die Bibel, dass auch Gebet, Fasten und Almosen geben drei Möglichkeiten sind, um die Strafe für die Sünde zu erlassen. Um jedoch den Erlass aller Strafen zu erhalten, müssen diese Handlungen mit vollkommener Liebe ausgeführt werden. Wenn ihr zum Beispiel *betet*, aber euer Gebet von Eigeninteresse geprägt ist (z.B.

wenn ihr in eurem Herzen wünscht, dass euer Wille geschieht und nicht der Wille Gottes), dann ist das keine vollkommene Liebe. Wenn ihr *fastet*, aber mehr Freude daran habt, Gewicht zu verlieren, als es allein aus Liebe zu Gott zu tun, ist das keine vollkommene Liebe. Oder wenn ihr euch im *Almosen geben* übt, indem ihr an eine örtliche Wohltätigkeitsorganisation spendet, aber im Stillen hofft, dass ihr irgendwie anerkannt werdet, dann ist das keine vollkommene Liebe. Wie beim Vollkommenen Ablass klingt es schwierig, diesen zu erlangen, und das ist es auch.

Zusammenfassend lässt sich sagen, dass wir keine Anhaftung an die Sünde haben dürfen, um jede zeitliche Strafe, die uns oder einem geliebten Menschen im Fegefeuer zusteht, durch einen Vollkommenen Ablass zu beseitigen. Das ist nicht einfach. Um alle Strafen durch Gebet, Fasten oder Almosen geben erlassen zu bekommen, müssen wir es mit vollkommener Liebe tun. Auch das ist nicht leicht. Eine andere Möglichkeit, alle zeitlichen Strafen erlassen zu erhalten, ist die vollkommene Reue im Beichtstuhl, wenn wir unsere Sünden nur aus Liebe zu Gott und nicht aus Angst vor der Hölle bereuen, aber auch das ist nicht einfach.

Also zurück zu der Frage: Was sollen wir tun, wenn wir eine Chance haben wollen, makellos zu sein, wenn Jesus uns abholt? Angesichts unserer gebrochenen menschlichen Natur scheint das sehr schwierig, ja unmöglich. Aber in Seiner unendlichen Barmherzigkeit hat Gott uns eine weitere und ganz besondere Möglichkeit gegeben, makellos zu werden: das Fest der Göttlichen Barmherzigkeit!

Die außergewöhnliche Gnade des Barmherzigkeitssonntags

Für diejenigen, denen in diesem Leben nicht alle zeitlichen Strafen erlassen werden können, weil sie nicht die vollkommene Liebe, die vollkommene Reue oder die vollkommene Loslösung von der Sünde haben, ist nicht alle Hoffnung verloren. Wir können immer noch vollkommen „rein" werden, eine Braut ohne Makel, selbst inmitten unserer Gebrochenheit. Und wie? Wie bereits erwähnt, gibt uns Jesus den besten Weg von allen: die außerordentliche Gnade des Barmherzigkeitssonntags!

Konkret sagte Er zur hl. Faustyna:

> **An diesem Tag** (dem Barmherzigkeitssonntag) **ist das Innere Meiner Barmherzigkeit geöffnet; Ich ergieße ein ganzes Meer von Gnaden über jene Seelen, die sich der Quelle Meiner Barmherzigkeit nähern. … an diesem Tag stehen alle Schleusen Gottes offen, durch die Gnaden fließen** (*TB* 699).

Was die Gnaden des Barmherzigkeitssonntags betrifft, so sagte Jesus zur hl. Faustyna: **„Jene Seele, die beichtet und die hl. Kommunion empfängt, erhält vollkommenen Nachlass der Schuld und der Strafen"** (*TB* 699).

Wenn ihr euch jemals gewünscht habt, ihr könntet eure Schiefertafel abwischen und neu beginnen, ist dies eure Chance! Bitte lest den obigen Abschnitt noch einmal! Dies ist ein außergewöhnliches Versprechen! Alle Sünden und Strafen werden durch die Gnade dieses einen Tages, des Barmherzigkeitssonntags, beseitigt, wenn wir die Bedingungen einer gültigen hl. Beichte erfüllt und die hl. Kommunion würdig empfangen haben. Das war's! Christus hat keine weiteren Bedingungen gestellt, so dass wir darauf vertrauen können, dass selbst der härteste Sünder, egal wie zerrüttet er ist, zur hl. Beichte gehen, die hl. Kommunion empfangen, auf Gottes Barmherzigkeit vertrauen und vollständig von aller Sünde und Strafe freigesprochen werden kann!

Bitte beachtet, dass dieses Gnadenangebot für jede Heilige Messe am Barmherzigkeitssonntag oder für die Vigil am Vorabend gilt. Ihr müsst nicht an einem bestimmten 15-Uhr-Gottesdienst oder an einer Heiligen Messe teilnehmen, in der der Priester ausdrücklich auf die Gnaden dieses Tages hinweist. Jede Heilige Messe reicht aus. Wichtig ist, dass wir darauf vorbereitet sind, diese erstaunliche Gnade, diese „außerordentliche Gnade" zu empfangen, die uns darauf vorbereitet, makellos und ohne Flecken zu sein. Völlig gereinigt, hat unsere Seele nun die Möglichkeit, wenn wir es wünschen, unseren Bräutigam zu empfangen, wenn Er an diesem „achten Tag" zu uns kommt.

Wir können daher verstehen, warum Jesus verlangt hat, dass dieser Tag, der Barmherzigkeitssonntag, auf den achten Tag der Osteroktav gelegt wird, den Tag, der einen neuen Anfang und den Eintritt in die Ewigkeit darstellt. Nachdem wir die an diesem Tag angebotene Gnade empfangen haben, können wir ohne Makel in die Ewigkeit eintreten, voll und ganz darauf vorbereitet, von Christus in den Himmel aufgenommen zu werden, weil keine Sünde oder Strafe aufgrund der

Sünde zurückbleibt. Es ist alles weg. Das ist unglaublich, jenseits aller Vorstellungskraft! Nur ein so liebender und barmherziger Gott kann uns eine solch erstaunliche Gnade gewähren!

Ein wichtiger Punkt muss hier erwähnt werden: Ich werde oft gefragt, ob diese Gnaden für das ganze Leben gelten, für die Vergangenheit, die Gegenwart und die Zukunft. Leider nein. Diese außergewöhnliche Verheißung reinigt uns von allem, bis hin zu unserer letzten Teilnahme am Barmherzigkeitssonntag. Wenn ihr jedoch in den Tagen nach diesem Tag der Barmherzigkeit sündigt, gelten die Gnaden dieses vergangenen Barmherzigkeitssonntags nicht für die nachfolgenden Sünden. Ihr müsst das folgende Jahr abwarten, um auf dieselbe Weise gereinigt zu werden. Lasst euch jedoch nicht entmutigen, denn es handelt sich immer noch um ein Geschenk, das wir nicht begreifen können!

Diese außergewöhnliche Verheißung des Barmherzigkeitssonntags ist sogar so groß, dass sie mit der Gnade der Taufe verglichen wurde. Pater Seraphim Michalenko sagt, es sei „wie" eine zweite Taufe, denn anders als im Moment unserer ursprünglichen Taufe wird unsere Seele niemals reiner sein. Das setzt natürlich voraus, dass wir die Bedingungen erfüllen, die Jesus der hl. Faustyna gestellt hat, nämlich zur hl. Beichte zu gehen und die hl. Kommunion zu empfangen. An diesem Tag tilgt Christus alle Sünden und sorgt für die Beseitigung aller Sündenstrafen (auch für Sünden, die wir vergessen haben zu beichten, im Gegensatz zum Vollkommenen Ablass) und diese Gnade ist voll wirksam, auch wenn unsere Reue nicht vollkommen ist, auch wenn wir keine vollkommene Liebe haben und auch wenn wir noch mit einigen Anhaftungen an bestimmte Sünden kämpfen.

Erforderlich ist ein würdiger Empfang der hl. Kommunion im Stand der Gnade und im Vertrauen auf die Verheißung Jesu. Wie in den vorangegangenen Kapiteln ausführlich besprochen, ist Vertrauen der Schlüssel. Jesus möchte, dass wir auf Ihn vertrauen und ohne Angst vor unseren Sünden zu Ihm kommen. Wenn wir das tun, werden unsere Seelen vollständig erneuert!

Es ist jedoch wichtig zu betonen, dass diese Gnade nicht automatisch und ohne unser Zutun wirksam wird. Wir können nicht die Absicht haben, in einem Zustand der Sünde zu leben und nicht den Wunsch nach Umkehr zu haben. Wenn wir in einem ständigen Zustand der Todsünde leben, müssen wir alles tun, was möglich ist, um uns aus dem Griff des Satans zu befreien. Wenn wir das tun, können wir die Türen unseres Herzens öffnen, um Gottes Gnade zu empfangen. Es ist zwingend notwendig, dass wir das tun, denn Seine Gnade wird nur dann vollständig empfangen, wenn wir eine gewisse Reinigung des Willens haben (ähnlich dem festen Vorsatz der Besserung), was bedeutet, dass wir unsere vergangenen Sünden bereuen und zumindest versuchen werden, unser Leben zu ändern. Das bedeutet nicht, dass wir perfekt sein werden, sondern nur, dass wir unser Bestes geben werden. Dieser Sinneswandel ist notwendig, um die Gnaden des Barmherzigkeitssonntags zu empfangen.

Auch an das Haus gebundene Katholiken, die nicht zu den Sakramenten kommen können, weil ihre Kirchen z.B. geschlossen sind, können diese Gnade erhalten, wenn sie es wünschen. Wenn sie Gott aufrichtig um die Vergebung ihrer Sünden bitten, indem sie einen Akt der Reue vollziehen, und sich mit Gott vereinen wollen, indem sie einen Akt der geistlichen Kommunion vollziehen, glauben wir, dass Gott diese Gnade Seiner Barmherzigkeit gewähren wird (siehe *Katechismus* 1452).[25] Aber der sicherste und garantiert beste Weg, die Gnade des Barmherzigkeitssonntags zu empfangen, ist der physische Empfang der Sakramente, wenn dies möglich ist.

Darum geht es am Barmherzigkeitssonntag: einfach um eine Rückkehr zu den Sakramenten. Es geht nicht um einen Zauberstab oder einen Hasenfuß; es geht um die Kraft der Gnade Gottes, die wir durch die Sakramente empfangen. An diesem Tag erhalten wir diese Gnade und auch die Befreiung von allen zeitlichen Strafen. Wenn ihr also eine Weile nicht mehr zur hl. Beichte und zur hl. Kommunion gegangen seid, habt ihr jetzt den ultimativen Anreiz zurückzukehren!

Um die Gnade des Barmherzigkeitssonntags zu empfangen, müsst ihr einfach vor oder am Barmherzigkeitssonntag beichten gehen – es reicht auch, wenn ihr irgendwann in der Fastenzeit beichtet. Wichtig ist, dass ihr euch an diesem Tag im Stand der Gnade befindet, d.h., dass ihr euch keiner Todsünde bewusst seid. Dann müsst ihr die hl. Kommunion mit der Absicht empfangen, diese verheißene Gnade zu erlangen.

Das ist leicht zu bewerkstelligen: Wenn ihr euch auf den Empfang der hl. Kommunion in einer der Heiligen Messen an diesem Sonntag oder in der Vigil am Vorabend (oder bei einer geistlichen Kommunion) vorbereitet, sprecht ein Gebet wie dieses:

Herr Jesus Christus, Sohn des lebendigen Gottes, Du hast der hl. Faustyna versprochen, dass die Seele, die zur hl. Beichte geht [das habe ich getan], und die Seele, die im Vertrauen auf die Göttliche Barmherzigkeit die hl. Kommunion empfängt [das tue ich], die vollständige Vergebung aller Sünden und Strafen empfangen wird. Herr, bitte gib mir diese Gnade.!Jesus, ich vertraue auf dich.

Sprecht dieses Gebet mit vollem Vertrauen auf Jesus und in der aufrichtigen Absicht, euch von der Sünde abzuwenden, und Jesus wird euch diese Gnade schenken! Er muss es sogar, denn sonst würde es bedeuten, dass Er Seine Versprechen nicht hält – und das wird niemand behaupten! Dieses Fest ist für diejenigen unter uns, die zerbrochen sind und denen die zeitliche Strafe nicht erlassen werden kann, weil sie an der Sünde hängen, unvollkommene Liebe oder unvollkommene Reue empfinden. Und obwohl diese Gnade nur für uns selbst gilt und nicht für eine Arme Seele im Fegefeuer dargebracht werden kann, steht die Gnade allen Menschen auf der Erde zur Verfügung! Diese Gnade ist vollkommen, auch wenn wir es nicht sind. Diese Gnade ist so mächtig, dass sie die Tür zum Himmel öffnen kann, also lasst den Barmherzigkeitssonntag nicht an euch vorüberziehen!

Ein letzter Punkt über die unglaublichen Gnaden, die an diesem Tag angeboten werden, sollte erwähnt werden. Am Barmherzigkeitssonntag gibt uns die Kirche auch die Möglichkeit, einen Vollkommenen Ablass zu erhalten, der an einen Akt der Verehrung der Göttlichen Barmherzigkeit oder die Teilnahme an einem Gottesdienst der Göttlichen Barmherzigkeit an diesem Tag (unter den normalen Bedingungen) geknüpft ist, den wir für uns selbst oder für eine der Armen Seelen im Fegefeuer darbringen können. Da sich dieser Vollkommene Ablass von der oben beschriebenen außerordentlichen Verheißung des Barmherzigkeitssonntags unterscheidet, empfehlen wir Marianer, dass ihr das tut, was wir an diesem Tag tun. Insbesondere bitten wir alle um die „außerordentliche Verheißung" für uns selbst und dann erfüllen wir die Bedingungen für den Vollkommenen Ablass und bieten diesen für eine Arme Seele an. Wow, was für mächtige Gnaden, die Gott an diesem Tag in so großer Fülle schenkt!

KAPITEL IV

Das Bild, die Novene, der Rosenkranz und die Stunde der Göttlichen Barmherzigkeit

So unglaublich die Gnade des Barmherzigkeitssonntags auch ist, sie war nicht der erste Gnadenkanal, den Jesus der hl. Faustyna geschenkt hat. Der erste der fünf Gnadenkanäle, die als Andacht zur Göttlichen Barmherzigkeit bekannt sind und von Christus gegeben wurden, war in Wirklichkeit das Bild der Göttlichen Barmherzigkeit.

Das Bild der Göttlichen Barmherzigkeit

Das Bild der Göttlichen Barmherzigkeit stellt Jesus so dar, wie Er der hl. Faustyna erschien, als Er am 22. Februar 1931 physisch zu ihr kam. Doch bevor ich mit diesem Punkt fortfahre, möchte ich eine liebenswerte Geschichte erzählen. Nach meiner Priesterweihe begann mein Vater, seinen Glauben mehr als je zuvor zu praktizieren. Für einen harten Marinesoldaten, der in Vietnam gekämpft hatte und nie tiefer in seinen Glauben eingedrungen war als bis zum Besuch der Sonntagsmesse, war es erstaunlich, sein geistliches Wachstum zu beobachten. Wenn dies zum Teil auf die Gnaden zurückzuführen ist, die meiner Familie zuteilwurden, weil ich Gottes Ruf zum Priester gefolgt bin, dann ist es das Opfer wert, das ich gebracht habe, indem ich auf eine Karriere, eine Frau und eine Familie verzichtet habe.

Da mein Vater in den letzten Jahren seinen Glauben viel intensiver praktizierte, dachte ich mir: „Weißt du, vielleicht weiß er sogar die Antwort auf diese kleine Quizfrage." Es war der 22. Februar, aber ich habe vergessen, in welchem Jahr.

Ich sagte: „Hey, Dad, weißt du, welches äußerst wichtige Ereignis am heutigen Tag stattfand? Ich gebe dir einen Tipp:

Es war wirklich ein Wunder." Ich hoffte, er würde vielleicht wissen, dass dies der Tag war, an dem Jesus der hl. Faustyna erschienen war und sich ihr zeigte, wie wir es im Bild der Göttlichen Barmherzigkeit sehen.

Er antwortete: „Natürlich weiß ich das!"

Aufgeregt darüber, dass dies eine Bestätigung dafür sein könnte, dass er wirklich tiefer in seiner Liebe zu Gott und seiner Kenntnis der Göttlichen Barmherzigkeit wuchs, sagte ich: „Wirklich?"

Er sagte: „Ja. Das war das Wunder auf dem Eis! Das ist das Datum, an dem die olympische Eishockeymannschaft der USA 1980 die Russen besiegte. Einer der größten Tage aller Zeiten!"

Okay, Dad, das war sicherlich ein großer Tag in unserer Geschichte, aber es zeigte mir, dass wir noch ein wenig mehr Arbeit auf unserem Glaubensweg zu erledigen hatten! Auf jeden Fall bringt mich diese Erinnerung immer wieder zum Lachen.

Wie ich bereits erwähnt habe, ist der 22. Februar 1931 der Tag, an dem Jesus der hl. Faustyna in ihrer Zelle in Polen erschien. Er sagte ihr, sie solle ein Bild nach dem malen, was sie vor sich sah (siehe *TB* 47). Könnt ihr euch das vorstellen? Ihr seid die hl. Faustyna. Ihr kehrt von eurer Arbeit in euer Zimmer zurück, schließt die Tür, dreht euch um und da ist Jesus in eurem Zimmer! Es war nicht nur eine Eingebung oder eine geistige Vision; Er war für sie körperlich gegenwärtig, so wie Er auch vor euch oder vor mir stehen würde.

Oft, wenn Menschen eine Vision von Maria haben, sieht sie niemand sonst; es ist eine innere Vision. Aber nicht dieses

Mal. Jesus war für sie leibhaftig gegenwärtig. Woher wissen wir das? Die hl. Faustyna hat es uns nicht nur erzählt, sondern einige Schwestern aus ihrer Kongregation haben sich daran erinnert, dass sie zum Zeitpunkt ihrer Vision ein Licht unter ihrer Tür leuchten sahen, das heller war als jede Kerze. Das Kloster der hl. Faustyna hatte keine Elektrizität, sodass dieses helle Licht auf keinen Fall von einem elektrischen Licht stammen konnte. Das Einzige, was es hätte sein können, war eine Öllampe. Und eine Schwester schrieb, dass keine Öllampe der Welt ein so helles Licht hätte machen können.[26]

Laut Pater Seraphim berichtet die Klosterchronik auch, dass zwei der Mädchen, die von den Schwestern betreut wurden, eines Abends das Licht aus dem Fenster der hl. Faustyna leuchten sahen und zur Eingangstür des Klosters gingen, um sich zu erkundigen.[27] Was war das für ein Licht? Es stammte von den roten und blassen Strahlen, die vom Heiligsten Herzen Jesu ausgingen, der Quelle des Blutes und des Wassers, das nach der Kreuzigung aus Seiner Seite floss.

Dies war nicht das einzige Mal, dass die Erscheinungen Jesu vor der hl. Faustyna auch für andere Menschen als der hl. Faustyna sichtbar waren. Es gibt eine Geschichte, die im *Tagebuch* der hl. Faustyna aufgezeichnet ist:

> Am Freitag, als ich mit den Schülerinnen aus dem Garten zum Abendessen ging — es war zehn vor sechs — erblickte ich Jesus über unserer Kapelle in der Gestalt, wie ich Ihn das erste Mal sah. So, wie Er auf dem Bild gemalt ist. Die zwei Strahlen, die aus Jesu Herz kamen, bedeckten unsere Kapelle und das Krankenzimmer,

> dann die ganze Stadt und sie verteilten sich über die ganze Welt. Dies dauerte wahrscheinlich vier Minuten und verschwand. Eines der Kinder, das zusammen mit mir etwas hinter den anderen ging, sah ebenfalls die Strahlen, aber es sah Jesus nicht und wusste nicht, woher die Strahlen kamen. Es war sehr erregt und berichtete darüber den anderen Mädchen. Diese lachten es aus, es bilde sich etwas ein, oder es wären Lichter eines Flugzeugs gewesen. Das Mädchen bestand jedoch fest darauf und sagte, sie habe noch nie im Leben derartige Strahlen gesehen. Als die anderen ihm noch vorhielten, dass es wohl ein Scheinwerfer war, sagte es, es kenne das Licht eines Scheinwerfers. Solche Strahlen jedoch hätte es noch nie erblickt. Das Mädchen kam nach dem Abendessen zu mir und sagte, die Strahlen hätten es so ergriffen, dass sie keine Ruhe fände. Sie könnte dauernd davon reden. Und doch hatte sie Jesus nicht gesehen. Immerfort erinnerte sie mich an die Strahlen, wodurch sie meine Person in gewisse Schwierigkeiten brachte, denn ich konnte ihr nicht sagen, dass ich Jesus gesehen hatte (*TB* 87).

Stellt euch vor, wie hell dieses Licht gewesen sein muss, vielleicht ähnlich einem Lichtblitz, der im Moment der Auferstehung Christi vorhanden gewesen sein muss. Diese Geschichten zeigen, dass die hl. Faustyna echte äußere Visionen erlebte und nicht nur innere oder intellektuelle Visionen.[28] Jesus war ihr bei mehreren Gelegenheiten in gewisser Weise physisch gegenwärtig.

Das Ostergeheimnis

Der emeritierte Papst Benedikt XVI. hat einmal gesagt, dass Christus im Mittelpunkt aller wahren sakralen Kunst steht, und im Mittelpunkt des Christusbildes steht das Ostergeheimnis.[29] Das Bild der Göttlichen Barmherzigkeit fängt dieses Geheimnis auf die lebendigste Weise ein. Der Grund dafür ist, dass das Ostergeheimnis – das Leiden, der Tod, die Auferstehung und die Himmelfahrt Jesu – uns unsere Erlösung gebracht hat. Alle Gnaden, die zu unserer Rettung nötig sind, sind in diesem Geheimnis enthalten.

Das Ostergeheimnis beginnt im Abendmahlssaal am Gründonnerstag, beim Letzten Abendmahl, als Christus das Priestertum, die hl. Eucharistie und die Heilige Messe einführte. Wie sehen wir diese Dinge im Bild der Göttlichen Barmherzigkeit dargestellt? Zunächst durch die Kleidung Jesu. Er trägt ein weißes Gewand, das Albe genannt wird, ähnlich dem, das Er bei Seinem Prozess unter Pontius Pilatus getragen hatte, und ähnlich dem, was der katholische Priester heute unter seinem Messgewand trägt. Jesus trägt das weiße Leinengewand des Hohepriesters des jüdischen Tempels.

Nur der Hohepriester durfte dieses Gewand tragen, wenn er das Allerheiligste des Tempels betrat, um das Blut des geopferten Lammes ohne Makel darzubringen. Wenn er aus dem inneren Heiligtum herauskam, hob er seine rechte Hand und sprach dem Volk den Segen Gottes zu (siehe Lev 16,1-4; Sir 50,18-21). Dieses Bild verdeutlicht auf eindrucksvolle Weise Jesus als den Hohenpriester, der das vollkommene Selbstopfer dargebracht hat, durch das Er die Erlösung für die gesamte

Menschheit erlangt hat. Außerdem sah die hl. Faustyna Jesus barfuß und nicht in Sandalen, was ebenfalls nur der Hohepriester beim Betreten des Allerheiligsten tun konnte.

Wie der Hebräerbrief sagt, ist Jesus der neue Hohepriester, der an die Stelle des alttestamentlichen Hohenpriesters getreten ist (siehe Hebr 4,14-10,18). Er ist jetzt derjenige, der opfert, und derjenige, der geopfert wird, und ersetzt damit die Tieropfer, die unter dem Alten Bund zur Sühne für die Sünden verwendet wurden. Als Hohepriester bringt Er sich selbst als das vollkommene Lamm dar, das um unseretwillen und für unsere Sünden geschlachtet wird.

Dieses Opfer ist ein für alle Mal, es ist ewig. Daher hat Christus als Hohepriester die hl. Eucharistie als Gedächtnis an Sein Leiden und Seinen Tod eingesetzt. Dies gibt uns auf Erden die Möglichkeit, an der ewigen Opfergabe Seines Leibes und Blutes für unsere Sünden teilzuhaben, und wir nehmen in jeder Heiligen Messe daran teil. Deshalb sehen wir auf dem Bild den roten Strahl Seines kostbaren Blutes, der von Seinem Heiligsten Herzen ausgeht, zusammen mit dem blassen Strahl, der die reinigenden Wasser der Taufe und der hl. Beichte symbolisiert, die unsere Sünden abwaschen. Es sind dieselben Strahlen aus Blut und Wasser, die sich auf dem Kalvarienberg aus der Seite unseres Herrn ergossen (vgl. Joh 19,34).

Das nächste Ereignis im Ostergeheimnis war der Karfreitag und wir alle wissen, was an diesem Tag geschah: die Kreuzigung. Obwohl auf dem Bild der Göttlichen Barmherzigkeit nicht deutlich zu erkennen, sind die Wunden der Kreuzigung an den Händen und Füßen Jesu zu sehen, die den Schmerz zeigen, den Er am Kreuz erlitt.

Was geschah als Nächstes im Ostergeheimnis? Ostersonntag, der Tag, an dem Jesus von den Toten auferstanden ist und die Welt erlöst hat. Auf dem Bild der Göttlichen Barmherzigkeit ist Christus auferstanden und Sein Körper befindet sich in einem verherrlichten Zustand. Er wird so dargestellt, wie Er erschienen war, als Er in den Abendmahlssaal ging, in dem die Jünger an Ostern und am ersten Sonntag nach Ostern versammelt waren (siehe Joh 20,19-23, 26-29). Er wird auch so dargestellt, dass Er aus der Finsternis kommt und aus dem Allerheiligsten in das Cenaculum geht, das den Katholiken als „Abendmahlssaal" bekannt ist und im Grunde die allererste von Christus gegründete Kirche darstellt.

Wir wissen, dass 40 Tage nach der Auferstehung die Himmelfahrt Jesu stattfand, als Er zur Rechten des Vaters saß. Wie wird die Himmelfahrt auf dem Bild festgehalten? Die Bibel erzählt uns, dass Jesus, bevor Er zum Vater aufstieg, alle Anwesenden segnete (siehe Lk 24,50). Die traditionelle Form des jüdischen Segens bestand darin, die rechte Hand auf Schulterhöhe zu heben. Das ist es, was Jesus in der ursprünglichen Version des Bildes tut, also segnet Er euch jedesmal, wenn ihr vor dieses Bild tretet. Nach dem Alten Testament musste auch der jüdische Hohepriester am Versöhnungstag aus dem Allerheiligsten hervortreten und seine Hand zum Segen für das ganze Volk Gottes erheben und auch das wird in dieser erstaunlichen Ikone erfüllt.

Zehn Tage nach Christi Himmelfahrt (50 Tage nach Ostern) war Pfingsten. Obwohl es technisch gesehen nicht zum Paschamysterium gehört, ist dieses Ereignis von entscheidender Bedeutung für die Geschichte der Kirche. Es war der Tag, an dem der Heilige Geist auf Maria und die Apostel im Abendmahlssaal herabkam und sie ermutigte, hinauszugehen und das Wort Gottes mit Überzeugung zu verkünden. Das war ihre „Bestätigung“, als sie mit der Kraft ausgestattet wurden, zu gehen und sowohl den Juden als auch den Heiden zu predigen. Dies war die Geburt der Kirche – geboren aus Blut (dem Kostbaren Blut) und Wasser (Vergebung der Sünden). In diesem Bild stehen das Blut und das Wasser für das Kreuz Christi am Karfreitag und die Gabe des Heiligen Geistes an Pfingsten. Nach diesem Moment wird die Welt nicht mehr dieselbe sein.

Die Bedeutung der Strahlen

Die Bedeutung dieser beiden Strahlen kann nicht hoch genug eingeschätzt werden. Als die hl. Faustyna den Herrn nach ihnen fragte, sagte Er ihr:

> **Die zwei Strahlen bedeuten Blut und Wasser. Der blasse Strahl bedeutet Wasser, das die Seelen rechtfertigt, der rote Strahl bedeutet Blut, welches das Leben der Seelen ist …**
> **Diese zwei Strahlen drangen aus den Tiefen Meiner Barmherzigkeit, damals, als Mein sterbendes Herz am Kreuz mit der Lanze geöffnet wurde** (*TB* 299).

Die Gnaden, die uns durch die Strahlen des Blutes und des Wassers zufließen, besiegen die beiden einzigen Waffen des Satans: *die Sünde* und *den Tod*. Das erste große Werkzeug des Satans, die Sünde, wird durch das reinigende **Wasser** der Taufe und die heilenden Worte der hl. Beichte weggewischt. Sein zweites großes Werkzeug, der Tod, wird durch das *Leben* weggewischt – und das Leben war für die Juden im **Blut** der Kreatur. Das Blut spendet uns Leben und so empfangen wir das Leben im Heiligen Abendmahl, indem wir den wahren Leib und das Blut, die Seele und die Gottheit Jesu empfangen.

Zusammenfassend lässt sich sagen, dass diese beiden Strahlen das darstellen, was Christus uns am Barmherzigkeitssonntag zu tun auffordert: Geht zur hl. Beichte und empfangt die hl. Kommunion. Erinnern wir uns an das Gebet Jesu an die hl. Faustyna: „O Blut und Wasser, aus dem Herzen Jesu als Quelle der Barmherzigkeit für uns entströmt, ich vertraue auf dich" (*TB* 84). Deshalb sagte Jesus zur hl. Faustyna: **„Diese Strahlen schützen die Seelen vor dem Zorn Meines Vaters. Glücklich, wer in ihrem Schatten leben wird, denn der gerechte Arm Gottes wird ihn nicht erreichen"** (*TB* 299).

Wir sollten hier anmerken, dass diese Aussage Jesu nicht bedeutet, dass der Vater der „zornige und gefühllose" Gott des Alten Testaments ist, während Jesus der „nette und gelassene" Gott des Neuen Testaments ist. Nein, sie sind derselbe Gott. Was Jesus hier meint, ist, dass der Zorn des Vaters die Sünde treffen wird, und wenn wir an der Sünde festhalten, wenn der Vater zuschlägt, werden auch wir getroffen. Deshalb müssen wir uns von der Sünde lösen, was auch die letzte Bedingung für einen Vollkommenen Ablass ist, wie in Kapitel 3 beschrieben wurde.

Kehren wir nun zu den Strahlen von Blut und Wasser zurück, die vom Herzen Jesu ausgehen. Sagt uns die Heilige

Schrift nicht, dass sowohl Blut als auch Wasser aus der *Seite* Christi flossen? (Siehe Joh 19,34.) Ja, wie erklären wir dann den scheinbaren Widerspruch, dass die Strahlen auf diesem Bild nicht aus Seiner Seite, sondern aus Seinem Herzen kommen?

Einer unserer Mitarbeiter hier am Nationalheiligtum der Göttlichen Barmherzigkeit, ein Theologe namens Dr. Robert Stackpole, hat sich jahrelang mit diesem Thema beschäftigt. Wie er erklärt, waren römische Soldaten ausgebildete Henker und wussten genau, wo sie ihren Speer in die Seite eines Feindes auf dem Schlachtfeld oder eines Verbrechers am Kreuz stechen mussten. Sie wussten genau, zwischen welche zwei Rippen sie den Speer schieben mussten, um ihn durch die Brusthöhle zu stoßen und das Herz zu durchbohren, was den sofortigen Tod zur Folge hatte.

Das Blut und das Wasser, die aus der Seite Jesu flossen, stammten also tatsächlich aus Seinem durchbohrten Herzen. Diese Hypothese scheint von der Wissenschaft gestützt zu werden, denn Wissenschaftler, die das Turiner Grabtuch (von dem viele glauben, dass es das Grabtuch Christi ist) untersucht haben, haben herausgefunden, dass der Fleck auf der rechten Seite des Körpers Jesu auf dem Grabtuchbild tatsächlich aus dem Herzen stammt. Er besteht aus denselben Flüssigkeiten, die im Johannesevangelium beschrieben werden: Blut und Wasser.[30]

Die Verbindung zum Heiligsten Herzen

Ich erinnere mich, dass mir einmal ein guter, älterer Jesuitenpater sagte: „Alles, was du brauchst, ist das Heiligste Herz. Du brauchst nichts anderes. Verschwende nicht deine Zeit!" Nun, ich stimme zu, dass die Verehrung Jesu mit dem Heiligsten Herzen beginnt, aber wenn man den Worten Jesu glaubt, endet sie nicht mit dem Heiligsten Herzen. Sie endet mit der Botschaft und der Andacht zur Göttlichen Barmherzigkeit. Wie ein anderer älterer Jesuit auch einmal sagte: „Die Göttliche Barmherzigkeit vervollständigt und erfüllt das Heiligste Herz. Die Göttliche Barmherzigkeit ersetzt nicht die Herz-Jesu-Botschaft und -Verehrung – sie ergänzt und vervollständigt sie." In gewisser Weise sehen wir das buchstäblich, da die Strahlen selbst aus dem Heiligsten Herzen kommen und ein Produkt der Liebe dieses Herzens sind.

Als Jesus der hl. Margareta Maria Alacoque im 17. Jahrhundert mit den Offenbarungen Seines Heiligsten Herzens erschien, kam Er als Antwort auf den Jansenismus. Diese Irrlehre war für die französische Kultur zu jener Zeit besonders schädlich, da sie Gott als „Unhold" darstellte, der bereit war, die Menschen selbst für kleinste Sünden zu bestrafen. Die Menschen begannen, Gott mehr denn je zu fürchten, und wurden so skrupulös, dass der Glaube vorherrschte, niemand könne gerettet werden. Die Vorstellung, dass Gott Liebe ist, ging fast völlig verloren und wurde durch die Furcht vor einem fernen Gott ersetzt, der die ganze Menschheit vernichten und verurteilen wollte.

Als Antwort auf dieses Problem trug Jesus der hl. Margareta Maria auf, der Welt zu sagen: „Ich bin die Liebe, kommt zu Mir", und wünschte, dass die Menschen sich Ihm mit Vertrauen und nicht mit Angst näherten. Doch die Wunden der Erbsünde saßen noch tief und die Menschen kamen nicht zum Herrn als liebendem Vater.

Gott gab Seine geliebten Geschöpfe nie auf und rief sie immer wieder zu sich. Dieses Bemühen erreichte zu Beginn des 20. Jahrhunderts einen neuen Höhepunkt, als die Bitten des Herrn an die Menschheit, Seine Liebe anzunehmen, durch die Botschaften der Göttlichen Barmherzigkeit an die hl. Faustyna (siehe Kapitel 2) offenbart wurden. Was Jesus ihr offenbarte, baute auf der Idee auf, dass Gott die Liebe ist, und ging sogar noch weiter – sie zeigte die Liebe Gottes, die in die Tat umgesetzt wurde.

Wir haben Barmherzigkeit als *Liebe in Aktion* definiert. Deshalb können wir sagen, dass die Liebe Gottes, wenn sie uns begegnet, eine aktive Liebe ist, eine Liebe, die real und konkret ist, beständig und doch in Bewegung, die uns immer sucht und uns zu Ihm hinzieht. Das ist die Barmherzigkeit.

Wie bereits erwähnt, zeigt das Bild der Göttlichen Barmherzigkeit die Hingabe Jesu an uns, die sich darin manifestiert, dass Er hervortritt und Seine Liebe in die Tat umsetzt, indem Er uns proaktiv sucht. Der Grund, warum wir Ihm vertrauen und diese Einladung Seiner Liebe annehmen können, liegt darin, *was* und *wen* Er repräsentiert. Wie wir besprochen haben, kommen wir alle vom Vater und beten inständig darum, zum Vater zurückzukehren (*exitus et reditus*), damit wir unsere Lebensaufgabe erfüllen und dann „für immer mit Ihm im Himmel glücklich sein" können (*siehe alter Katechismus*).[31]

Das ist die Aufgabe des Sohnes Jesus – die erlöste Menschheit zum Vater zurückzubringen. Zu diesem Zweck will Er uns retten und dorthin zurückbringen, wo wir eigentlich hingehören.

An dieser Stelle ist es hilfreich, noch einen weiteren Punkt anzuführen: Wenn die Barmherzigkeit des Vaters in Worte gefasst und der Welt gezeigt werden könnte, wäre das eine große Ermutigung für unseren Glauben. Es würde uns helfen, uns diese Barmherzigkeit vorzustellen. Es würde uns erlauben, Ihm mehr zu vertrauen und Ihn anzunehmen. Nun, wir können es uns vorstellen – es ist genau im Bild der Göttlichen Barmherzigkeit abgebildet, über das wir jetzt sprechen. Wie Papst Franziskus in seiner päpstlichen Bulle *Misericordiae Vultus (Das Antlitz der Barmherzigkeit)* erklärt, die am Sonntag der Göttlichen Barmherzigkeit 2015 veröffentlicht wurde, ist Jesus Christus „das Antlitz der Barmherzigkeit des Vaters". Wow, das Ausmaß, in dem Gott uns durch Seine Göttliche Barmherzigkeit retten will, übersteigt unser Vorstellungsvermögen. Dieser Punkt wird durch das letzte Detail des Bildes, das ich besprechen werde, unterstrichen – die Position Seines Fußes.

Auf dem Bild der Göttlichen Barmherzigkeit sehen wir, wie der linke Fuß Jesu nach vorne tritt, wenn Er aus der Dunkelheit kommt, um uns zu holen. Es ist auch ein Symbol für die Wiederkunft Christi am Ende der Zeit, wenn Er für Seine Braut kommen wird. Im Gegensatz zu den „Göttern" vieler Weltreligionen ist unser Gott kein transzendenter, unnahbarer Gott; Er hat sich so sehr erniedrigt, dass Er sich herabließ, einer von uns zu werden und sich mit uns zu vereinen.

Wir müssen nicht unser Leben der Suche nach einem verborgenen Gott widmen, wie er in anderen Religionen verehrt wird. Unser Gott hat sich uns ganz geoffenbart, ist einer von uns geworden und macht sich nun auf den Weg, um uns zu finden – der Gute Hirte kommt, um Seine verlorenen Schafe zu retten. Er unternimmt Seine letzten Anstrengungen vor dem Ende, um euch zu erreichen, wie es in diesem Bild dargestellt ist. Ergreift Seine Hand, haltet sie fest und nehmt Seine Gnade an, solange es noch Zeit ist!

Versionen des Bildes

Es gibt viele Versionen des Bildes der Göttlichen Barmherzigkeit, deshalb werde ich oft gefragt, ob eine Darstellung besser ist als eine andere. Wahrscheinlich habt ihr eine Lieblingsversion. Viele Menschen fragen sich: „Welches dieser verschiedenen Bilder ist das beste?" Und die Antwort ist, dass es nicht unbedingt ein „bestes" Bild gibt. Solange sie der Beschreibung der hl. Faustyna in ihrem Tagebuch entsprechen, enthalten alle Bilder die Fülle der Verheißungen unseres Herrn und sind alle große Gnadenkanäle. Wie Jesus der hl. Faustyna sagte, liegt die Bedeutung des Bildes nicht in der Farbe oder im Pinsel, sondern in Seiner Barmherzigkeit (siehe *TB* 313).

Denkt immer daran, dass wir nicht die Dosen, die Farbe oder das Bild selbst verehren – wir verehren das, was es darstellt: Jesus, die Göttliche Barmherzigkeit. Wir beten Christus an, der in dem Bildnis erscheint. In Exodus 20 soll Gottes Gebot gegen Götzenbilder (das Bild auf eurem Schreibtisch z.B. könnte ein Götzenbild sein) der Anbetung falscher Götzen Einhalt gebieten, nicht unbedingt dem Besitz von Bildern. Erinnert euch daran, dass Gott Mose befahl, in der Wüste eine bronzene Schlange herzustellen, auf die das kranke Volk blicken konnte, um geheilt zu werden (siehe Num 21,8), und Er befahl Mose, zwei goldene Cherubim für die Bundeslade herzustellen (siehe Ex 25,18-22).

Die Israeliten wurden von Gott gemaßregelt, weil sie das goldene Kalb und nicht Gott selbst anbeteten. Dies ist sicherlich keine Gefahr, wenn wir von der Verehrung des Bildes der Göttlichen Barmherzigkeit sprechen – das Bild zu verehren bedeutet einfach, es zu ehren. Im Bild der Göttlichen Barmherzigkeit verehren wir den, den das Bild darstellt: Jesus Christus, die Zweite Person der Dreifaltigkeit. „Wer mich gesehen hat, hat den Vater gesehen" (Joh 14,9).

Wie der hl. Johannes von Damaskus betonte, ist Gott selbst derjenige, der durch die Heilige Schrift und insbesondere durch Seine Menschwerdung Bilder von der himmlischen Wirklichkeit macht, und wir können (und sollten) diese Bilder sozusagen kopieren und sie als Hilfsmittel für Gebet und Arbeit verwenden.[32]

Jesus bestätigte dies, als Er zur hl. Faustyna sagte:

> **Ich verspreche, dass jene Seele, die dieses Bild verehrt, nicht verloren geht. Ich verspreche auch, hier schon auf Erden, den Sieg über ihre Feinde, besonders in der Stunde des Todes. Ich selbst werde sie verteidigen wie meine Ehre** (*TB* 48).

Er fügte hinzu:

Ich überreiche den Menschen ein Gefäß, mit dem sie zur Quelle der Barmherzigkeit um Gnaden kommen sollen. Das Gefäß ist dieses Bild mit der Unterschrift: Jesus, ich vertraue auf dich (*TB* 327). Jesus versprach auch: **„Durch das Bild werde Ich den Seelen viele Gnaden verleihen“** (*TB* 742).

Schutz durch das Bild

Wir haben unzählige Zeugnisse von Heilungen, Schutz und Bekehrungen durch das Bild der Göttlichen Barmherzigkeit erhalten. Die Anzahl der Briefe, die wir erhalten haben, in denen von mächtigen Gnaden berichtet wird, die Menschen im Laufe der Jahre erfahren haben, ist schlichtweg erstaunlich. Wenn ihr eine dieser unglaublichen Geschichten lesen möchtet, dann googelt „Ron Ragelis Hurricane Sandy“, und ihr solltet seine Geschichte auf unserer offiziellen Website TheDivineMercy.org finden. Ron schickte uns Bilder, um seine Geschichte zu untermauern, und sie waren ziemlich überzeugend.

Bevor der Hurrikan Sandy 2012 über die Ostküste der Vereinigten Staaten hinwegfegte, wurden die Menschen aus Rons Nachbarschaft auf Long Island evakuiert. Während sich die meisten Menschen darauf vorbereiteten, das Gebiet zu verlassen, hielt er inne und erkannte, dass er noch eine letzte Sache tun musste. Ron nahm das Bild der Göttlichen Barmherzigkeit, hielt es in den Sturm und weihte sein Haus Jesus, der

Göttlichen Barmherzigkeit. Dann ließ er das Bild im Haus und verließ es. Als er eine Woche später zurückkehrte, sah er, dass alle Häuser in der Nachbarschaft beschädigt worden waren: Ihre Dächer waren von Bäumen zerdrückt worden, ihre Fenster waren zerbrochen und viele waren durch Überschwemmungen zerstört worden. Rons Haus war jedoch völlig unversehrt.

Eine andere Möglichkeit, den versprochenen Schutz durch das Bild der Göttlichen Barmherzigkeit zu erlangen, besteht darin, es an die Tür des eigenen Hauses zu hängen. Jesus hat denjenigen, die das tun, viele Gnaden versprochen. Deshalb bitten wir Marianer euch dringend, ein gesegnetes Bild Jesu, der Göttlichen Barmherzigkeit, an eure Haustür (nach außen gerichtet) zu hängen, um euer Vertrauen in das Schutzversprechen des Herrn auszudrücken. (Ihr könnt nach „Let's Seal the Doorposts" auf YouTube.com suchen und unser Video zu diesem Thema sehen.)

Wenn ihr nicht in der Lage seid, das Bild von einem Priester segnen zu lassen, erlaubt euch die Kirche überraschenderweise, selbst einen Segen zu erbitten. Der *Katechismus* lehrt, dass Laien aufgrund ihres Taufpriestertums bestimmte Segnungen erteilen können (1669). Wie kann man einen solchen Segen auf das Bild der Göttlichen Barmherzigkeit herabrufen? Macht das Kreuzzeichen über dem Bild und sagt: „O Herr, ich erbitte deinen Segen für dieses Bild, im Namen des Vaters und des Sohnes und des Heiligen Geistes. Amen."

Im Frühjahr 2020, als die Auswirkungen des Coronavirus' kristallklar wurden, beteten wir in der Präfation der Ostervigil, dass das Blut des einen wahren Lammes unsere Türpfosten salben möge. Dies ist eine Anspielung auf Exodus 12,21-23, wo Gott den Israeliten befahl, ihre Türpfosten mit dem Blut eines Lammes zu versiegeln, damit der Engel des Todes an den gekennzeichneten Häusern vorbeiziehen konnte.

Jesus ist jetzt das Opferlamm Gottes, und indem Er sich Selbst als Sühne für unsere Sünden und die der ganzen Welt durch die Ausgießung Seines Blutes darbrachte, befreite Er uns vom ewigen Tod und besiegelte uns für das ewige Leben. Wenn das Blut eines Tieres, das an die Türpfosten der jüdischen Häuser gesprengt wurde, den Todesengel dazu veranlasste, an diesen Häusern „vorüberzugehen", wie viel wirksamer wird dann das Blut des wahren Lammes Jesus Christus sein, das an unsere Türen gesprengt ist?

Wir fordern euch daher auf, das Bild der Göttlichen Barmherzigkeit mit der Aufschrift *Jesus, ich vertraue auf dich* an eure Türen anzubringen, wie es viele in Zeiten des Unglücks getan haben. Auch wenn dieser Glaubensakt nicht garantiert, dass eure Familie nicht von einer Krankheit oder einem Unglück betroffen wird, so garantiert er doch, dass ihr durch euer Vertrauen auf Jesus Seine Verheißungen der Liebe und Barmherzigkeit erhaltet, die euch umgeben und für immer in euch bleiben werden.

Der sel. Michał Sopoćko, der Beichtvater der hl. Faustyna, erinnerte daran, dass Jesus sagte: „Jeder soll für sein Haus dieses Bild besorgen, denn es werden noch Prüfungen kommen. Und jene Häuser und ganze Familien und jeder Einzelne, der dieses Bild der Barmherzigkeit in tiefer Verehrung hält, ‚den werde Ich vor jeder Art von Unglück bewahren'. Es wird die Zeit kommen, in der alle, die dies tun, die wunderbare Wirksamkeit und den besonderen Schutz der Barmherzigkeit bezeugen werden, der von diesem Bild ausgeht.“[33]

Sopoćko erinnerte an weitere Verheißungen, die der Herr durch die hl. Faustyna in Bezug auf das Gnadenbild machte: „Wenn die Welt für ihre Sünden gezüchtigt wird und euer eigenes Land in völlige Erniedrigung gerät, wird die einzige Zuflucht das Vertrauen in Meine Barmherzigkeit sein. Ich werde die Städte und Häuser beschützen, in denen sich das Bild der Göttlichen Barmherzigkeit befindet; Ich werde die Menschen schützen, die dieses Bild verehren. Die einzige Zuflucht wird das Vertrauen in Meine Barmherzigkeit sein.“[34] Angesichts der heutigen zivilen Unruhen, der politischen Spaltung und der internationalen Unruhen halte ich diese Worte für besonders bedeutsam.

Vielleicht sagte unser Herr deshalb zur hl. Faustyna: **„Durch das Bild werde Ich den Seelen viele Gnaden erteilen, deshalb soll jede Seele Zugang zu ihm haben“** (*TB* 570).

Wir hören immer wieder wundersame Geschichten über dieses lebendige Bild Christi selbst. Als Adolf Hitler zum Beispiel am Ende des Zweiten Weltkriegs die Stadt Warschau in Polen als Strafe für den Warschauer Aufstand auslöschte, blieben in einem bestimmten Teil der Stadt etwa vier Gebäude stehen. In jedem dieser Gebäude befand sich das Bild der Göttlichen Barmherzigkeit. Holt euch also dieses Bild, auch wenn ihr ein Bild davon malt oder einfach ein kleines Gebetsbildchen benutzen müsst. Gott wird das akzeptieren. Hängt es in eurem Haus auf, tragt es in eurer Brieftasche und stellt es auf euren Schreibtisch am Arbeitsplatz. Dies ist ein mächtiges Mittel der Gnade.

Novene der Barmherzigkeitsrosenkränze/ die Novene zur Göttlichen Barmherzigkeit

Der nächste Gnadenkanal, den Jesus der hl. Faustyna gab, war die Novene zur Göttlichen Barmherzigkeit. Eine Novene (vom lateinischen novem, „neun") besteht in der Regel aus neun aufeinanderfolgenden Tagen des Gebets, in denen ein bestimmtes Anliegen von Gott erbeten wird, meist auf die Fürsprache eines bestimmten Heiligen. Die Tradition, Novenen zu beten, entstand, als Maria und die Apostel während der neun Tage zwischen Christi Himmelfahrt und Pfingsten im Abendmahlssaal beteten. Diese neun Tage des Gebets, die in der Herabkunft des Heiligen Geistes gipfelten, bestärkten sie in ihrem Glauben an die Macht des Gebets, dem wichtigsten Mittel, um Gottes Gnade und Barmherzigkeit zu erflehen.

Das Beten einer Novene kann auch uns die Zuversicht geben, dass das Gebet Macht hat und dass es, wenn es mit erwartungsvollem Glauben dargebracht wird, von Gott erhört und beantwortet wird. Es sollte jedoch beachtet werden, dass jedes Gebet von Gott erhört wird, aber nicht immer so, wie wir es uns wünschen. Gott weiß immer, was das Beste für uns ist, und zwar viel besser als wir selbst!

Es scheint eine Novene für jede Gelegenheit zu geben; zum Beispiel beten wir eine Novene zum hl. Antonius, wenn wir etwas verlieren, oder wir beten eine Novene zum hl. Peregrin für diejenigen, die Krebs haben. Aber die Novene zur Göttlichen Barmherzigkeit unterscheidet sich von anderen Novenen, weil sie die einzige Novene ist, die wir in der katholischen Kirche haben, die nicht auf unseren Absichten beruht, sondern auf den Absichten Gottes. Wenn ihr etwas verliert, ist es eure Absicht, es zurückzubekommen. Wenn ihr Krebs habt, ist es eure Absicht, um Heilung zu bitten. Das sind gute Gebetsanliegen und Gott ermutigt uns immer, aus solchen Gründen zu Ihm zu beten, aber überraschenderweise sind sie nicht immer Gottes Wille.

Diese Novene jedoch wurde der hl. Faustyna direkt von Jesus mit Seinen spezifischen Absichten übergeben. Sie begann am Karfreitag und endete neun Tage später, am Samstag vor dem Barmherzigkeitssonntag (Novenen enden normalerweise am Tag vor dem Fest). Jesus sagte der hl. Faustyna, dass der Rosenkranz zur Göttlichen Barmherzigkeit ebenfalls jeden Tag als Teil der Novene gebetet werden soll. (Siehe: „Wie man den Rosenkranz zur Göttlichen Barmherzigkeit betet“ im hinteren Teil dieses Buches.)

Für jeden Tag der Novene bat Er darum, dass Ihm eine andere Gruppe von Menschen anvertraut wird:

TAG 1:

„Heute führe Mir die ganze Menschheit zu, besonders aber alle Sünder.“ (Jesus sagte zu Faustyna, dass das Gebet für die Sünder Ihn über den Kummer hinwegtröste, den Er über den Verlust der Seelen empfindet, s. *TB* 1210.)

TAG 2:

„Heute führe Mir alle Seelen der Priester und Ordensleute zu.“ (Diese Seelen gaben Jesus die Kraft, Seine Passion zu ertragen, siehe *TB* 1212.)

TAG 3:

„Heute führe alle frommen und treuen Seelen zu

Mir." (Diese Seelen haben Jesus auf dem Kreuzweg getröstet, siehe *TB* 1214.)

TAG 4:

„Heute bringe mir die Heiden und jene, die Mich noch nicht kennen." (Jesus dachte an diese Seelen während Seines Leidensweges, siehe *TB* 1216.)

TAG 5:

„Heute führe die Seelen der Häretiker und Abtrünnigen zu Mir." (Wenn diese Seelen wieder mit der Kirche vereinigt werden, werden die Wunden des Leidens Jesu gelindert, siehe *TB* 1218.)

TAG 6:

„Heute bringe stille und demütige Seelen und auch die der kleinen Kinder zu Mir." (Diese Seelen entsprechen am ehesten dem Herzen Jesu, siehe *TB* 1220.)

TAG 7:

„Heute führe die Seelen zu Mir, die Meine Barmherzigkeit besonders ehren und rühmen." (Keine dieser Seelen wird in die Hölle kommen und Jesus wird sie verteidigen, wenn sie sterben, siehe *TB* 1224.)

TAG 8:

„Heute führe jene Seelen zu Mir, die im Gefängnis des Fegefeuers sind." (Jesus sagt, dass es in unserer Macht steht, diese Seelen zu befreien, siehe *TB* 1226.)

TAG 9:

„Heute führe Mir erkaltete Seelen herbei." (Diese Seelen verwunden das Herz Jesu sehr schmerzlich, siehe *TB* 1228.)

Wir sollten darauf hinweisen, dass dies die Anliegen sind, die Jesus speziell der hl. Faustyna gegeben hat, und dass wir nicht unbedingt für dieselben Anliegen während der Novene beten müssen. Jesus hat Faustyna diese Novene gegeben, damit sie vor allem in den Tagen zwischen Karfreitag und dem Samstag vor dem Barmherzigkeitssonntag gebetet wird, aber wir können sie zu jeder Zeit des Jahres beten. Mit anderen Worten, wir können die Novene genauso beten, wie Jesus es der hl. Faustyna aufgetragen hat, oder wir können uns entscheiden, unsere eigene Novene der Barmherzigkeitsrosenkränze zu beten, indem wir an neun aufeinanderfolgenden Tagen des Jahres für jedes beliebige Anliegen beten. Gewöhnlich bezeichnen wir die erste Variante als „Novene zur Göttlichen Barmherzigkeit" und die zweite als „Novene der Barmherzigkeitsrosenkränze". Die einzige Voraussetzung für beide ist, dass an jedem Tag der Novene der Barmherzigkeitsrosenkranz gebetet wird.

Ihr müsst diese Novene zwar nicht beten, um die Gnade des Barmherzigkeitssonntags zu erlangen, aber sie ist eine gute Vorbereitung. Jesus hat versprochen: **„In dieser Novene** [der Barmherzigkeitsrosenkränze] **werde ich den Seelen alle Gnaden erteilen"** (*TB* 796). Die Heilige Schrift sagt uns, dass das Gebet vor allem dann wirksam ist, wenn es unsere Beharrlichkeit unter Beweis stellt (siehe das Gleichnis von der beharrlichen Witwe, Lk 18,1-8). Eine Novene ist ein ausgezeichneter Weg, um Gott diese Ausdauer zu zeigen, und zu demonstrieren, wie sehr wir Seine Hilfe wünschen. Aber seid nicht frustriert, wenn ihr die Novene nicht perfekt betet. Wenn ihr ein bestimmtes Element des Gebets vergesst oder sogar einen Tag auslasst, nehmt es einfach am nächsten Tag wieder auf und betet das Anliegen mit noch mehr Liebe und Gebetseifer.

Novenen wirken

Ich möchte eine kurze Geschichte erzählen, die die Kraft von Novenen zeigt. Sie geht auf die Zeit zurück, als ich in Charlotte, North Carolina, lebte. Damals war ich mit einem reizenden Ehepaar namens Dom und Barb gut befreundet und ich ließ keine Gelegenheit aus, bei ihnen eine kostenlose Mahlzeit einzunehmen, wann immer es sich ergab. Beide waren ihrem katholischen Glauben sehr zugetan, aber Barb schien eine neue Stufe in der Verehrung der Heiligen hinaufzusteigen. Sie liebte alle Heiligen und flehte sie immer um ihre Fürsprache an.

Eines Tages erzählte mir Barb beim Abendessen die Geschichte eines Armbands, das sie von ihrer kleinen Enkelin Alexa bekommen hatte. Dieses Armband hatte keinen Geldwert, aber es hatte einen hohen ideellen Wert, denn Alexa hatte es mit viel Liebe von Hand für sie angefertigt, und so war es unnötig zu sagen, dass Barb es nie abnahm.

Eines Tages stand sie in der Küche und stellte erschrocken fest, dass das Armband nicht mehr an ihrem Handgelenk war. Natürlich verschwendete sie keine Zeit und begann eine Andacht zum hl. Antonius, dem Schutzpatron für das Wiederfinden verlorener Gegenstände. Sie betete neun Tage lang fleißig zu ihm, und ratet mal, was nach Abschluss der Novene geschah? Nichts!

Dann betete sie eine weitere neuntägige Novene, nur für den Fall, dass der hl. Antonius sie beim ersten Mal nicht erhört hätte. Wieder nichts. Sie verzweifelte fast und sagte: „Ich werde vertrauen, ich werde vertrauen." Also begann sie wieder mit der Novene und dachte, beim dritten Mal würde es klappen. Als sie den neunten Tag erreichte, ging sie zu Bett und sagte zum hl. Antonius: „Hl. Antonius, ich vertraue dir. Ich mache das Licht aus, und wenn ich morgen aufwache, erwarte ich, dass das Armband auf diesem Nachttisch liegt." Sie schaltete das Licht aus. Ratet mal, was da war, als sie aufwachte? Nichts!

Barb war wütend. Sie stand auf und sagte: „Hl. Antonius, wir sind fertig miteinander! Wir sind fertig! Das war's. Ich habe dreimal zu dir gebetet. Ich habe auf dich vertraut. Du hättest es finden sollen. Du weißt, wieviel mir das Armband bedeutet hat!" Sie weinte in trauriger Ungläubigkeit darüber, dass ihr Glaube offenbar nicht stark genug war, um dieses Gebet erhört zu bekommen. Sie ging in die Küche, um ihren Tag zu beginnen, einen Tag, von dem sie glaubte, dass er von einer traurigen Niederlage erfüllt sein würde.

Um sich abzulenken, begann sie, für Dom ein paar Pfannkuchen zum Frühstück zu machen. Als sie die mit Pfannkuchenteig gefüllte Pfanne in die Hand nahm, ließ sie sie versehentlich fallen, und das darauf folgende Durcheinander war unvorstellbar. Der Teig verteilte sich überall, lief über die Herdplatte und in die Brenner. In ihren Augen war ein ohnehin schon schlechter Tag noch schlimmer geworden. Dom, der ihre Frustration mitbekam, kam sofort herüber, um ihr zu helfen, merkte aber schnell, dass es nicht ausreichen würde, die Herdplatte mit einem Handtuch zu reinigen, wie es normalerweise der Fall war. Er holte sein Werkzeug und machte sich daran, die Brenner auszubauen und die Herdplatte zu demontieren, damit sie vom gesamten Teig gereinigt werden konnte.

Beim Säubern des Schlamassels, das ursprünglich nur Ärger und eine Geduldsprobe zu sein schien, wurde eine Entdeckung gemacht. Ratet mal, was Dom gefunden hat? Ihr habt richtig geraten: das Armband! Es war irgendwie von Barbs Handgelenk gefallen und in den Herd gefallen, als sie ein paar Wochen zuvor in der Küche war. Hätte sie den Teig nicht verschüttet, hätte sie das kostbare Armband nie gefunden. Gottes Wege sind unergründlich, vor allem wenn es um Heilige geht!

Dom hob das Armband auf, zeigte es Barb und warf ihr einen Blick zu, in dem er wortlos schimpfte und im Grunde sagte: „Siehst du, ich habe dir doch gesagt, dass herzliche Gebete wirken.“ Sie erkannte ihren Glaubensfehler und murmelte: „Es tut mir leid, hl. Antonius. Ich habe heute mehr als dieses Armband gefunden.“

Wow, das ist die Macht des Gebetes. Das ist die Kraft einer Novene. Und denkt daran, eine Novene der Barmherzigkeitsrosenkränze kann zu jeder Zeit und für jedes Gebetsanliegen gebetet werden (Anliegen, die natürlich immer mit dem Willen Gottes übereinstimmen, so gut wir ihn kennen).

Der Rosenkranz zur Göttlichen Barmherzigkeit

Ein weiterer mächtiger Gnadenkanal, den Jesus der hl. Faustyna geschenkt hat, ist der Barmherzigkeitsrosenkranz, der auf gewöhnlichen Rosenkranzperlen gebetet wird. Es ist ein einfaches Gebet, für das man nur etwa acht Minuten braucht. Einer der Gründe, warum Gott es uns gegeben hat, ist wohl, dass Er weiß, dass wir manchmal mit Trägheit und Trockenheit im Gebet zu kämpfen haben, so dass der Rosenkranz in Zeiten, in denen er uns vielleicht etwas zu lang erscheint (ich weiß, dass ihr das nie denkt!), ein mächtiges Andachtsmittel ist.

Der Barmherzigkeitsrosenkranz ist ein großartiges Fürbittgebet und Jesus verbindet viele Verheißungen mit ihm. Er sagt:

> **Bete unablässig den Rosenkranz [zur Göttlichen Barmherzigkeit], den Ich dich gelehrt habe. Wer auch immer ihn beten wird, der erfährt in seiner Todesstunde Meine große Barmherzigkeit. Die Priester werden ihn den Sündern als letzten Rettungsanker reichen. Sollte es der verstockteste Sünder sein —falls er nur einmal diesen Rosenkranz betet, wird ihm die Gnade Meiner unendlichen Barmherzigkeit zuteil. Ich wünsche, dass die ganze Welt Meine Barmherzigkeit erkennt. Unbegreifliche Gnaden will ich jenen Seelen erteilen, die Meiner Barmherzigkeit Vertrauen schenken** (*TB* 687; siehe auch 1541).
>
> **Seelen, die dieses Rosenkranzgebet beten, werden**

von Meiner Barmherzigkeit im Leben umfangen und besonders in der Stunde des Todes (*TB* 754).

Dieses Gebet wurde der hl. Faustyna von Jesus gegeben, um die Hand eines Engels zurückzuhalten, der bereit war, eine Stadt in Polen zu züchtigen. In ihrer verzweifelten Fürbitte für ihr Heimatland hielt sie dies in ihrem *Tagebuch* fest:

> Die Worte, mit denen ich Gott anflehte, sind folgende: **„Ewiger Vater, ich opfere dir auf den Leib und das Blut, die Seele und die Gottheit deines geliebten Sohnes, unseres Herrn Jesus Christus, für unsere Sünden und die der ganzen Welt. Um Seines schmerzhaften Leidens willen habe mit uns Erbarmen“** (*TB* 475).
>
> Am anderen Morgen, als ich in die Kapelle kam, hörte ich innerlich die Worte: **„Sooft du die Kapelle betrittst, bete sofort das Gebet, das Ich dich gestern gelehrt habe.“** Als ich das Gebet verrichtet hatte, hörte ich in der Seele die Worte: **„Dieses Gebet ist zum Beschwichtigen Meines Zornes. Du wirst es neun Tage lang wie den üblichen Rosenkranz beten, und zwar: Zuerst ein Vater unser und ein Gegrüßet seist du, Maria, und das Glaubensbekenntnis, anschließend — an den Vaterunser-Perlen — die Worte: Ewiger Vater, ich opfere dir auf den Leib und das Blut, die Seele und die Gottheit deines geliebten Sohnes, unseres Herrn Jesus Christus, zur Sühne für unsere Sünden und die der ganzen Welt. An den Gegrüßet-seist-du-Maria-Perlen wirst du wie folgt beten: Um**

> **Seines schmerzhaften Leidens willen habe Erbarmen mit uns und mit der ganzen Welt. Zum Schluss wirst du dreimal die Worte wiederholen: Heiliger Gott, heiliger starker Gott, heiliger unsterblicher Gott — erbarme dich unser und der ganzen Welt"** (*TB* 476).

Durch die Worte des Barmherzigkeitsrosenkranzes wurde die Gerechtigkeit Gottes besänftigt und der Engel konnte die Sünden des Volkes nicht mehr bestrafen. Viele haben sich gefragt, welche Sünde die Beinahe-Züchtigung verursacht hat. Überraschenderweise finden wir die Antwort nicht im *Tagebuch*, sondern lesen sie in einem Interview mit dem sel. Michał Sopoćko:

> Sie schrieb in ihrem *Tagebuch*, dass Jesus Selbst sagte, dass Er eine der schönsten Städte unseres Landes wie Sodom zerstören würde, wegen der dort begangenen Verbrechen. Nachdem ich das in ihrem *Tagebuch* gelesen hatte, fragte ich sie, was diese Prophezeiung bedeute. Sie antwortete, sie bestätige das, was sie geschrieben habe, und auf eine weitere Frage von mir, wegen welcher Sünden Gott diese Strafen verhänge, antwortete sie: vor allem wegen des Massakers an noch nicht geborenen Kindern als dem schwersten aller Verbrechen.[35]

Dies soll uns heute eine starke Warnung sein, für unser Land und für ein Ende der Abtreibungen zu beten. In der Tat sagt Pater Seraphim Michalenko, dass der Grund, warum Jesus uns den Barmherzigkeitsrosenkranz gegeben hat, der war, der

Abtreibung ein Ende zu setzen. Die obigen Worte der hl. Faustyna, wie sie von ihrem Beichtvater wiedergegeben wurden, bezeugen diese Tatsache.

Die „nächstbeste Sache" nach der Heiligen Messe

Um zu verstehen, warum der Barmherzigkeitsrosenkranz mit so vielen Gnaden verbunden ist, müssen wir seine Verbindung zur Liturgie betrachten, – und um das zu tun, müssen wir auch den Rosenkranz betrachten. In der Tat sind sowohl der Rosenkranz als auch der Barmherzigkeitsrosenkranz eine Erweiterung der Heiligen Messe. Diese beiden Gebete sind so kraftvoll, dass sie, wenn ihr die Heilige Messe verpasst habt, das „Nächstbeste" sind, was ihr tun könnt, um so viele Gnaden wie möglich zu erhalten. (Wenn ihr eine Sonntagsmesse ohne triftigen Grund versäumt habt, ist es natürlich das Nächstbeste, zur hl. Beichte zu gehen.)

Betrachten wir nun, wie der Rosenkranz mit der Heiligen Messe verbunden ist. Die Heilige Messe besteht aus zwei Teilen: *der Liturgie des Wortes* und *der Liturgie der hl. Eucharistie.* Was tun wir während der Liturgie des Wortes? Wir meditieren über die Heilige Schrift. Und was ist der Rosenkranz? Er besteht nicht nur aus einer Reihe von Ave Maria, sondern ist eine Meditation über die Heilige Schrift, insbesondere über die Geheimnisse des Lebens Christi in der Bibel.

Der Rosenkranz ist auch ein unglaublich wirksames Mittel gegen den Teufel. Als ich sechs Jahre alt war, zog meine Familie von Utah nach Michigan. Ich versuchte zu helfen, stand dabei aber mehr im Weg, als alles andere, und griff nach einem bestimmten Karton, um ihn auszupacken. Was sich darin befand, erregte meine Aufmerksamkeit, und so erkundigte ich mich nach der „Perlenkette", die ich entdeckt hatte. Ich fragte meine Mutter: „Mama, was ist das?" Sie antwortete: „Das ist ein Rosenkranz. Aber den betet doch keiner mehr." Wenn man bedenkt, dass es die 1970er-Jahre waren, spiegelte ihre Aussage einen Teil des Missverständnisses über Maria und den Rosenkranz wider, das aus dem Zweiten Vatikanum resultierte. Also fragte ich: „Soll ich ihn wegwerfen?" Meine Mutter dachte einen Moment darüber nach und antwortete dann: „Weißt du was, warum behältst du ihn nicht? Leg ihn zurück in die Schachtel!"

Nun sind fast 40 Jahre vergangen und ich bin jetzt Priester. Man sagt, wenn jemand seine Berufung zur Nonne oder zum Priester annimmt, wird Gott viele Gnaden über seine Familie ausschütten. Ohne Frage hat meine Familie nach meiner Priesterweihe viele Gnaden empfangen. Meine Mutter und mein Vater hatten zum Beispiel seit fast 50 Jahren keinen Rosenkranz mehr gebetet, aber das änderte sich bei einem meiner kurzen jährlichen Besuche zu Hause im zweiten Jahr meines Priestertums. Als ich zur Tür hereinkam, war meine Mutter da und betete den Rosenkranz – und zwar für meine Anliegen. Ohne dass sie es wusste, ratet mal, mit welchem Rosenkranz sie betete? Mit demselben Rosenkranz, den ich Jahrzehnte zuvor in der Schachtel gefunden hatte. Das ist Gnade!

Aber das Interessante, das mir auffiel, war ihr Tempo: Sie feuerte aus allen Rohren, raste so schnell sie konnte, um die Perlen herum und wiederholte: „Gegrüßet seist du, Maria, voll der Gnade, der Herr ist mit dir … Gegrüßet seist du, Maria, voll der Gnade, der Herr ist mit dir." Ich sagte: „Mama, hör auf! Halt! Was ist der Rosenkranz? Es ist nicht nur ein Haufen Ave Maria. Der Rosenkranz ist eine Meditation über die Heilige Schrift. Während man die Ave Maria betet, soll man über die Geheimnisse, über die biblischen Ereignisse im Leben Christi meditieren. Die Ave Maria sind nur eine Hintergrundmusik. Wie bei einem guten Film mit einer starken Filmmusik steht die Musik nicht im Mittelpunkt; die Musik lenkt den Blick auf die Handlung. Und die Ave Maria helfen uns, uns auf die Handlung der Geheimnisse des Lebens Jesu zu konzentrieren.

Gott segne meine Mutter. Sie sagte: „Moment mal. Ich habe gehört, dass es jedes Mal, wenn man ein Ave Maria betet, so ist, als würde man dem Teufel eine Kugel in den Kopf schießen!" Sie hielt den Rosenkranz hoch und rief: „Und das ist mein Maschinengewehr!" Okay, Mama, da hast du mich erwischt! Aber der Punkt bleibt derselbe, dass der Rosenkranz dem ersten Teil der Heiligen Messe, dem Wortgottesdienst, ähnelt.

Passenderweise ist der Barmherzigkeitsrosenkranz eine Erweiterung des zweiten Teils der Heiligen Messe, der Liturgie der hl. Eucharistie. Denn in diesem Teil der Heiligen Messe bringt der Priester das Opfer des Leibes und Blutes Jesu für die Sünden der Welt dar. Aber das wirft noch eine andere wichtige Frage auf, die mir oft gestellt wird. Eine der größten Beschwerden, die wir häufig von Menschen hören, ist: „Pater, wie kann ich dieses Gebet beten? Es klingt unpassend, wenn ich bete: ‚Ewiger Vater, ich opfere dir auf den Leib und das Blut, die Seele und die Gottheit deines über alles geliebten

Sohnes, unseres Herrn Jesus Christus, zur Sühne für unsere Sünden und die Sünden der ganzen Welt.' Wer bin ich, dass ich das beten kann? Ich kann den Sohn nicht dem Vater darbringen. Ich bin kein Priester. Pater, Sie haben sogar gesagt, dass die Heilige Messe eine Darbringung Gottes an Gott ist, wobei der Priester in persona Christi handelt. Ich kann Gott nicht Gott darbringen. Ich bin kein Priester."

Tatsächlich seid ihr welche. Das Zweite Vatikanische Konzil sagt uns, dass wir kraft unserer Taufe an den drei Ämtern Christi teilhaben: Priester, Prophet und König.[36] Ihr seid ein Prophet. Was tut ein Prophet? Ein Prophet lehrt. Ihr sollt eure Lieben die Wege des Herrn lehren. Ihr seid Könige. Was macht ein König? Ein König regiert. Ihr sollt eure Familien auf den Wegen des Herrn regieren und eure Körper auf den Wegen der Gesundheit und Heiligkeit regieren. Aber ihr seid auch Priester. Nicht unbedingt Amtspriester wie ich, aber ihr habt Anteil am gemeinsamen Priestertum Christi. Und was tut ein Priester? Ein Priester bringt Opfer dar.

Wenn ihr also sagt: „Ewiger Vater, ich opfere dir auf den Leib und das Blut, die Seele und die Gottheit deines über alles geliebten Sohnes, unseres Herrn Jesus Christus", dann ist das vielleicht die beste Art und Weise, euer Taufpriestertum (oder euer gemeinsames Priestertum) auszuüben, indem ihr ein geistliches Opfer darbringt! Deshalb können wir dieses Gebet sprechen und müssen uns nicht für unwürdig halten, Christus dem Vater zu opfern. Es ist erstaunlich, dass Gott uns an solch unglaublichen Gnaden teilhaben lässt.

Wenn ihr die Heilige Messe versäumen solltet, betet den Rosenkranz und den Rosenkranz zur Göttlichen Barmherzigkeit, macht eine Gewissenserforschung und einen Akt der Reue zur Vergebung der Sünden, bis ihr zur hl. Beichte gehen könnt, und betet dann einen Akt der geistlichen Kommunion, in dem ihr Gott um die Gnade bittet, Ihn in eurer Seele zu empfangen, als ob ihr Ihn in der hl. Kommunion empfangen hättet. Versteht mich bitte nicht falsch, es gibt nichts Besseres, als die Heilige Messe zu besuchen und unseren Herrn sakramental zu empfangen. Aber aus Gründen, auf die wir keinen Einfluss haben, wie z.B. Lockdowns oder verordnete Quarantäne, sind wir manchmal nicht in der Lage, die Heilige Messe zu besuchen. In solchen Situationen sind diese Gebete die nächstbeste Möglichkeit, die Gnade Gottes zu empfangen. Denkt daran, dass wir zwar an die Sakramente gebunden sind, Gott aber nicht.

Die Stunde der Barmherzigkeit (15.00 Uhr)

Der letzte Gnadenkanal, auf den Jesus die hl. Faustyna hinwies, war ein sehr „zeitgebundener". Da Jesus um 15 Uhr für uns am Kreuz starb, ist die Stunde zwischen 15 und 16 Uhr als *Stunde der großen Barmherzigkeit* bekannt. Jesus sagte der hl. Faustyna, sie solle in dieser Zeit Seine Barmherzigkeit für die Welt erflehen, insbesondere für die Bekehrung der Sünder. Er sagte ihr auch, sie solle in dieser Stunde den Kreuzweg beten, sofern es ihre Pflichten erlaubten. Wenn sie das nicht tun könnte, bat Er sie, kurz in die Kapelle zu gehen und Ihn im Allerheiligsten Sakrament anzubeten, und wenn das nicht möglich wäre, sollte sie einfach stehen bleiben, wo immer sie wäre, und sich in das Gebet vertiefen, wenn auch nur für einen Moment, indem sie über Sein Leiden nachdächte (siehe *TB* 1572).

Interessanterweise hat Jesus der hl. Faustyna nie gesagt, dass sie den Barmherzigkeitsrosenkranz um 15 Uhr beten solle. Warum beten wir diesen dann um 15 Uhr? Weil es um Sein Leiden geht. Im Gebet heißt es: „Durch Sein schmerzhaftes *Leiden*, habe Erbarmen mit uns und mit der ganzen Welt."

Jesus sagte zur hl. Faustyna:

> **Ich erinnere dich daran, Meine Tochter, dass du, sooft du die Uhr die dritte Stunde schlagen hörst** [die Stunde von Christi Tod], **dich ganz in Meine Barmherzigkeit versenkst, sie verherrlichst und sie preist. Rufe ihre Allmacht herab für die ganze Welt, besonders aber für die armen Sünder ... In dieser Stunde kannst du alles für dich selbst und für andere erbitten** (*TB* 1572).

Was Jesus in dieser Zeit vor allem will, ist, dass *wir* uns Seiner erbarmen! (Siehe *TB* 50, 177). Er möchte, dass wir uns an Sein Liebesopfer erinnern. Er möchte, dass wir daran denken, was Er für uns am Kreuz getan hat, und dass wir uns mit Seinem Leiden vereinen.

Jesus versprach auch: **„Das ist die Stunde der großen Barmherzigkeit für die Welt ... In dieser Stunde versage Ich nichts der Seele, die Mich durch Mein Leiden bittet"** (*TB* 1320).

Durch die hl. Faustyna Kowalska bittet unser Herr besonders um Taten der Liebe zu Ihm und zu unserem Nächsten. Wir sollen der Stunde Seines Todes am Kreuz gedenken (siehe

TB 1572) und in dieser Zeit für die Bekehrung der anderen beten. Ich finde das besonders motivierend, weil es viele Verdienste gibt, wenn wir das tun:

> **Eine Stunde lang Meine schmerzlichen Leiden zu betrachten, ist größerer Verdienst, als sich ein Jahr lang bis aufs Blut zu geißeln. Das Betrachten Meiner schmerzlichen Wunden ist für dich von großem Nutzen und Mir bereitet es große Freude** (*TB* 369).

Abschließend möchte ich noch erwähnen, dass mir manchmal gesagt wird: „Pater, ich werde immer um 3 Uhr morgens geweckt, der Stunde des Teufels." Denkt daran, dass keine Stunde des Tages dem Teufel gehört, besonders nicht die Stunde um 3 Uhr morgens. Der Grund dafür ist, dass die Überlieferung besagt, dass Jesus um 3 Uhr morgens von den Toten auferstanden ist. Da viele Theologen glauben, dass Jesus um diese Zeit auferstanden ist, gehört diese Stunde, wie alle Stunden, Jesus Christus! Es ist nicht die Stunde des Teufels. Und was für die Zeit gilt, gilt auch für eure Seele. Vielleicht habt ihr schon einmal gehört, dass jemand „seine Seele an den Teufel verkauft" hat. Ihr könnt eure Seele nicht an den Teufel verkaufen, denn sie gehört nicht euch, sondern Gott. Das heißt nicht, dass man nicht wahnsinnig dumm sein und sein Leben in den Dienst des Satans stellen kann, aber selbst, wenn jemand eine solche fehlgeleitete, unerklärliche Tat begeht, gehört die Seele immer noch Gott und Er liebt diese Seele für immer. Das ist die unermessliche Barmherzigkeit Gottes, die Seine größte Eigenschaft ist.

Zusammenfassung der Andacht zur Göttlichen Barmherzigkeit (FINCH)

Es ist nun hoffentlich klar, warum Papst Johannes Paul II. sagte, dass die Göttliche Barmherzigkeit die wichtigste Botschaft unserer Zeit ist.[37] Diese Aussage ist wahr aufgrund dessen, was Jesus der hl. Faustyna sagte: **„Ich gebe der Menschheit den letzten Rettungsanker — die Zuflucht zu Meiner Barmherzigkeit“** (*TB* 998).

Was bedeutet die „Inanspruchnahme“ der Barmherzigkeit Gottes? Es ist das, worüber wir in diesem Buch gesprochen haben. Es bedeutet, die ABCs zu leben:

- (***A****sk*) Bittet Gott um Seine Barmherzigkeit.
- (***B****e*) Seid barmherzig miteinander.
- (***C****ompletely*) Vertraut voll und ganz auf Gottes Barmherzigkeit.

Diese drei Elemente machen die Botschaft der Barmherzigkeit aus und wir brauchen alle drei, um in den Himmel zu kommen. Wie im ersten Kapitel erwähnt, sagte Papst Benedikt XVI., dass die Botschaft der Göttlichen Barmherzigkeit der „Kern des Evangeliums“ ist, und aus diesem Grund ist die Botschaft nicht optional; wir können sie nicht ablehnen. Gott hat uns diesen Heilsplan im Laufe der Geschichte gezeigt, seit Adam und Eva die Erbsünde begangen haben. Nachdem Er jahrhundertelang versucht hatte, uns dazu zu bringen, diese Botschaft zu leben, berief Er die hl. Faustyna, eine große Heilige, um die Welt in Seiner Göttlichen Barmherzigkeit zu erneuern und uns auf Seine Wiederkunft vorzubereiten.

Um dies zu tun, gab unser Herr ihr fünf neue Gnadenkanäle, die als Andacht zur Göttlichen Barmherzigkeit bekannt sind und uns helfen können, die Botschaft der Göttlichen Barmherzigkeit stärker zu leben. Wir können uns diese Kanäle mit dem Akronym „FINCH“ merken:

F = Das Fest der Göttlichen Barmherzigkeit
I = Das Bild (die Ikone) der Göttlichen Barmherzigkeit
N = Die Novene der Göttlichen Barmherzigkeit
C = Der Rosenkranz (Chaplet, Coronka = pl, Corona = i) zur Göttlichen Barmherzigkeit
H = Die Stunde der Göttlichen Barmherzigkeit („hour“ auf Englisch)

Diese fünf Kanäle fassen zusammen, was wir tun müssen, um die Göttliche Barmherzigkeit in Anspruch nehmen zu können. Praktiziert die Andacht zur Göttlichen Barmherzigkeit in eurem Leben, um die unendlichen Gnaden zu empfangen, für die Gott „gestorben“ ist, um sie euch zu geben! Jesus sagte, dass die Strahlen der Barmherzigkeit danach **„brennen“**, ausgegossen zu werden. Er hat den tiefen Wunsch, diese Gnaden über uns zu ergießen und uns in Seine unendliche Barmherzigkeit **„einzutauchen“** (siehe *TB* 50, 177).

Das *Tagebuch* macht deutlich, dass alle Sünden, die jemals begangen wurden, nur ein Tropfen im Vergleich zum Meer der Barmherzigkeit Gottes wären (vgl. *TB* 1777). Deshalb sagte Papst Johannes Paul II.: „Nichts braucht der

Mensch mehr als die Göttliche Barmherzigkeit – diese wohlwollende, mitfühlende Liebe, die den Menschen über seine Schwäche zu den unendlichen Höhen der Heiligkeit Gottes erhebt."[38]

In Anerkennung der Bedeutung dieser Botschaft und Andacht vertraute er am 17. August 2002 bei der Einweihung des Heiligtums der Göttlichen Barmherzigkeit in Łagiewniki, Polen, die Welt der Göttlichen Barmherzigkeit an. Sein Nachfolger, Papst Benedikt XVI., lehrte, dass die Göttliche Barmherzigkeit „keine sekundäre Andacht, sondern eine integrale Dimension des christlichen Glaubens und Gebets ist".[39] Und Papst Franziskus hatte ein außerordentliches Jubiläumsjahr der Barmherzigkeit für 2015-2016 ausgerufen und dabei die Botschaft aus dem *Tagebuch* der hl. Faustyna wiederholt, dass jetzt die Zeit der Barmherzigkeit ist (siehe *TB* 1588). Wir müssen daran denken, dass die Barmherzigkeit Gottes zwar unendlich ist, die Zeit der Barmherzigkeit aber nicht. Da unsere letzten drei Päpste uns gebeten haben, Gottes Barmherzigkeit zu suchen, müssen wir diesen Aufruf beherzigen.

Wir haben jetzt die Gelegenheit, durch die Tür der Barmherzigkeit Gottes zu gehen, damit wir später nicht durch die Tür der Gerechtigkeit Gottes gehen müssen. Durch ihre Schriften, ihre Gebete, ihre Leiden für die armen Sünder und ihre unerschütterliche Liebe zu Gott bereitete die hl. Faustyna die Welt auf das endgültige Kommen Jesu vor, eine Mission, von der sie selbst sagte, dass sie nach ihrem Tod weitergehen würde (siehe *TB* 281, 1582).

Am 22. November 1981 erklärte Papst Johannes Paul II. im Heiligtum der Barmherzigen Liebe in Collevalenza, Italien:

> Seit dem Beginn meines Dienstes auf dem Petersstuhl in Rom betrachte ich diese Botschaft [der Göttlichen Barmherzigkeit] als meine besondere Aufgabe. Die Vorsehung hat sie mir in der gegenwärtigen Situation des Menschen, der Kirche und der Welt zugewiesen. Man könnte sagen, dass genau diese Situation mir diese Botschaft als meine Aufgabe vor Gott zugewiesen hat.

Wenn ihr an all die Dinge denkt, die Papst Johannes Paul II. vollbracht hat, war dies seine ganz besondere Aufgabe vor Gott? Die Heiligsprechung dieser unscheinbaren Nonne, die Verbreitung der Botschaft und der Andacht der Göttlichen Barmherzigkeit und die Einführung des Festes der Göttlichen Barmherzigkeit? Dies ist eine augenöffnende Offenbarung, die wir in die Tiefe unserer Seele tragen müssen. Was die Heiligsprechung von Schwester Faustyna anbelangt, so sagte Papst Johannes Paul II. am 30. April 2000 bei einem privaten Treffen mit unseren Priestern und Brüdern der Marianer nach der öffentlichen Zeremonie: „Dies ist der glücklichste Tag meines Lebens.“[40] Wow, das ist eine sehr schöne Aussage, wenn man bedenkt, was Papst Johannes Paul II. während seiner Zeit auf dieser Erde alles erlebt hat.

Papst Johannes Pauls II. Leben sollte in der Umarmung der Göttlichen Barmherzigkeit gipfeln. Kardinal Stanisław Dziwisz, der 40 Jahre lang Sekretär und Assistent des Papstes war, erzählte unserer Gemeinschaft eine erstaunliche Geschichte, als er 2014 das Nationalheiligtum der Göttlichen Barmherzigkeit besuchte. Er sagte, dass Papst Johannes Paul II. am Samstag vor dem Barmherzigkeitssonntag im Jahr 2005 zur hl.

Beichte ging und an einer Morgenmesse teilnahm und dass er erst am nächsten Morgen, dem Barmherzigkeitssonntag, wieder eine Heilige Messe feiern wollte. Im Laufe des Tages wurde der Papst immer schwächer. Schließlich war es nach 17 Uhr, als es erlaubt war, die Heilige Messe als Vorabendmesse für den Sonntag zu feiern – im Volksmund „Vigilmesse" genannt.

Laut Kardinal Dziwisz war dies jedoch nicht geplant, da Papst Johannes Paul II. sehr krank war. Plötzlich war es ihm ein Herzensanliegen, die Heilige Messe mit Papst Johannes Paul II. zu feiern. Zunächst sagte der Kardinal, er habe es ignoriert. Dann, etwa eine Stunde später, wurde es ihm erneut ans Herz gelegt: „Feiere die Heilige Messe zum Sonntag der Göttlichen Barmherzigkeit mit Papst Johannes Paul II." Er ignorierte es wieder. Inzwischen war es etwa 20.30 Uhr, und ein drittes Mal wurde es ihm ans Herz gelegt: „Feiere die Heilige Messe zum Sonntag der Göttlichen Barmherzigkeit mit Papst Johannes Paul II." Schließlich kapitulierte er.

Könnt ihr euch vorstellen, wie Kardinal Dziwisz die Sakristei durchwühlt, Korporale, Purifikatoren, Ziborien und Kelche herausholt und versucht, eine ungeplante Heilige Messe auf die Schnelle zu organisieren? Nur mit sich selbst und Papst Johannes Paul II. feierte er die Heilige Messe zum Barmherzigkeitssonntag. Papst Johannes Paul II., der zur hl. Beichte gegangen war und dann die hl. Kommunion am Barmherzigkeitssonntag empfing, starb 25 Minuten später.

Glaubt ihr nicht, dass dies die Gnade Gottes war, die ihm das Geschenk machte, als Bräutigam Christi direkt in den Himmel zu kommen? Ich glaube auf jeden Fall, dass es zu Ehren all dessen war, was er getan hat, um die Göttliche Barmherzigkeit in der Welt zu verbreiten. In Bezug auf all jene, die Seine Barmherzigkeit verehren und verherrlichen, sagte Jesus der hl. Faustyna, dass Er **„jeden von ihnen in der Stunde des Todes besonders verteidigen“** würde (*TB* 1224). Ich glaube, wir können zuversichtlich hoffen, dass Papst Johannes Paul II. mit all den versprochenen Gnaden gestorben ist, die Jesus im Hinblick auf den Sonntag der Göttlichen Barmherzigkeit gegeben hat.

Zusammenfassend können wir uns daran erinnern, dass Jesus Christus in aller Stille der hl. Schwester Faustyna, die von ihrer Oberin als „niemand Besonderes“ angesehen wurde, eine große Aufgabe anvertraut hat. Christus beauftragte die hl. Faustyna, die Welt an die unergründliche Barmherzigkeit Gottes zu erinnern. Sie sollte dies tun, indem sie neue Andachtspraktiken zu Ehren der Barmherzigkeit einführte und eine weltweite Bewegung von Seelen gründete, die sich der Verbreitung der Göttlichen Barmherzigkeit widmeten. Jesus beauftragte Faustyna, der Welt zu verkünden, dass selbst der schlimmste und hoffnungsloseste Sünder Gottes unendliche Barmherzigkeit verdient hat.

Er sagte zu ihr:

> **Meine Tochter, verkünde der Welt Meine Barmherzigkeit. Möge die ganze Menschheit Meine unergründliche Barmherzigkeit kennenlernen. Das ist das Zeichen der Endzeit. Danach kommt der Tag der Gerechtigkeit. Solange noch Zeit ist, sollen sie zur Quelle Meiner Barmherzigkeit Zuflucht nehmen** (*TB* 848).

Der Herr hat die Zeit der Barmherzigkeit schon seit einiger Zeit verlängert, wahrscheinlich auch dank der Gebete, der Werke der Barmherzigkeit und der Leiden, die von treuen Menschen wie Papst Johannes Paul II. und euch aufgeopfert wurden. Jesus möchte, dass ihr bei Ihm im Himmel seid, und Er möchte, dass ihr makellos seid, damit Er euch dorthin bringen kann. Ihr würdet dies auf keinen Fall lesen, wenn Jesus nicht in Seinem Herzen danach schreien würde, durch Seine Barmherzigkeit mit euch vereint zu werden, und jetzt habt ihr die Gelegenheit, dies am kommenden Barmherzigkeitssonntag zu tun. Bitte tut es! Wir wissen nie, wann wir von dieser Welt abberufen werden. Das, meine Lieben, ist alles, was Gott will. Er möchte euch einfach mit Vergebung, Liebe und Barmherzigkeit überschütten und euch in den Himmel bringen.

Deshalb sagte Jesus zur hl. Faustyna: **„Für das Strafen habe Ich die Ewigkeit. Jetzt verlängere Ich ihnen [den Sündern] die Zeit der Barmherzigkeit; doch wehe, wenn sie die Zeit Meiner Heimsuchung nicht erkennen“** (*TB* 1160). Jetzt ist die Zeit der Barmherzigkeit. Gott sei Dank, dass ihr sie erkennt, sonst würdet ihr dieses Buch nicht lesen! Deshalb laden wir Marianer, die diese Mission der Verbreitung der Botschaft und der Andacht zur Göttlichen Barmherzigkeit in der ganzen Welt fortgesetzt haben, euch ein, ein Mitglied unserer marianischen Familie zu werden und sich uns in diesem unglaublichen Dienst der Evangelisierung anzuschließen, auch wenn ihr die Grenzen eures eigenen Hauses nicht verlassen könnt.

KAPITEL V

Gottes Barmherzigkeit inmitten von Leid und Verlust

Es ist mir klar, dass einige Leser an diesem Punkt ankommen und sagen: „Das hört sich alles großartig an und ich glaube, dass Gott die Liebe ist, aber es ist klar, dass Er einige Menschen mehr liebt als andere. Er hat die hl. Faustyna mit allen möglichen Tröstungen erfüllt, aber meine Gebete werden nicht erhört, ich spüre Seine Gegenwart nicht und das Schlimmste ist, dass die Leiden und Prüfungen meines Lebens unerträglich geworden sind. Ehrlich gesagt, wo ist Gott inmitten von all dem?"

Es wäre daher nachlässig, wenn wir in diesem Buch nur über Gottes Barmherzigkeit sprechen würden, ohne zu erklären, wie es zu solchen Prüfungen und Leiden kommen kann. Es stimmt, dass eine der schwierigsten Herausforderungen unseres Glaubens darin besteht zu verstehen, wo wir Gottes Barmherzigkeit inmitten des Leidens finden können. Oft können wir nicht verstehen, warum ein guter und liebender Gott solchen Schmerz und solche Schwierigkeiten in unserem Leben zulässt. Fragt einen Pfarrer oder Evangelisten und er wird euch sagen, dass seiner Erfahrung nach einer der Hauptgründe, warum Menschen nicht an Gott glauben, darin liegt, dass sie denken, wenn es einen Gott gäbe, würde Er nicht zulassen, dass die Menschheit so viel Böses, Unruhe und Leid erfährt.

Selbst für diejenigen, die glauben, ist das Leiden problematisch. Viele Religionen glauben, dass Leiden etwas Böses ist, dass es eine Form der Bestrafung durch einen rachsüchtigen Gott sein muss, der wegen jeder einzelnen Übertretung, die sie jemals gegen Sein Gesetz begangen haben, zornig ist. Diese Vorstellung finden wir auch im Alten Testament. Einer von

Ijobs Freunden sagt ihm zum Beispiel, dass er eine schreckliche Sünde begangen haben muss, da er von Gott so hart behandelt werde: „Wegen deiner Gottesfurcht sollte Er dich strafen, vor Gericht mit dir gehen? Ist nicht groß deine Bosheit, ohne Ende dein Verschulden?" (Ijob 22,4-5).

In gewissem Sinne können wir verstehen, dass wir in diesem Leben einige Leiden erfahren werden, denn, wie wir bereits sagten, haben unsere Sünden Konsequenzen, und oft sind diese Konsequenzen die Ursache für unser Leiden. Aber unser katholischer Glaube ist einzigartig und in vielen Fällen paradox, denn die Heiligen sagen uns, dass das Leiden einen unschätzbaren Erlösungswert hat, der von nichts anderem übertroffen wird.

Wenn ihr jedoch versucht, mit jemandem zu sprechen, der sich inmitten eines Traumas befindet, und versucht, dies zu erklären, werdet ihr oft mit einem leeren Blick, verbalisierter Verwirrung oder offenem Ärger konfrontiert. Dies ist also die Frage: Wie können wir verstehen, warum ein barmherziger Gott so viel Leid zulässt? Hatten wir nicht vorhin gesagt, dass Barmherzigkeit die besondere Form der Liebe ist, die, wenn sie auf Leiden stößt, etwas dagegen unternimmt? Ja, das haben wir gesagt. Aber manchmal zeigt sich Gottes Barmherzigkeit am deutlichsten, wenn Er das Leiden zulässt. Wenn Er das tut, geschieht es immer aus Liebe. Um zu erklären warum, beginnen wir mit einigen Grundlagen.

Der freie Wille und seine Folgen

Unser Glaube lehrt, dass eine der größten Gaben, die wir von Gott bei der Schöpfung erhalten haben, der freie Wille ist. Uns wurde die volle Freiheit gegeben, in unserem Leben Entscheidungen zu treffen, unabhängig davon, ob sie dem Willen Gottes entsprechen oder nicht. Natürlich gibt es viele Entscheidungen, die wir täglich treffen und bei denen wir nicht übermäßig gewissenhaft sein müssen, wie z.B. Schokoladeneis gegenüber Vanilleeis zu bevorzugen (was ich übrigens tue).

In anderen Bereichen jedoch haben unsere Entscheidungen ernstere Auswirkungen. Hier überlässt Gott uns nicht nur die Vorlieben. Er hat uns das Naturgesetz und die Zehn Gebote als unseren moralischen Kompass gegeben, auch wenn wir den freien Willen haben, Seinen Weisungen zu folgen oder nicht. Wir haben die Freiheit, uns für Gut oder Böse, Liebe oder Hass, Großzügigkeit oder Geiz zu entscheiden. Der freie Wille war zwar eines der größten Geschenke Gottes an uns, aber ironischerweise auch das, womit Er das größte Risiko einging – das enorme Risiko, dass wir unsere Freiheit dazu nutzen würden, Seine Liebe zurückzuweisen und einander zu verletzen.

Wenn wir also schlechte Entscheidungen treffen, die Gott beleidigen, uns selbst schaden oder andere verletzen, wird Gott nicht immer eingreifen, um dies zu verhindern. Wenn Er das jedesmal täte, wäre Sein Geschenk des freien Willens bedeutungslos geworden. Wenn Gott niemals zulassen würde, dass unsere Entscheidungen, selbst die unedlen, sich auswirkten, wären wir einfach „Roboter" und nicht Seine Kinder, die

die Fähigkeit haben, sich freiwillig für die Liebe zu Ihm zu entscheiden. Ohne diese Gabe des freien Willens wäre unsere Liebe zu Ihm eher erzwungen als frei und wäre somit keine wahre Liebe.

Es ist diese freie und liebevolle Antwort, die Gott sich von uns wünscht, aber damit sie echt ist, muss die Möglichkeit bestehen, dass wir uns auch entscheiden, Ihn und die Menschen, die Gott uns in den Weg stellt, nicht zu lieben. Das ist einer der Gründe, warum es in der Welt Leid gibt – wenn wir diese falschen (aber freien) Entscheidungen gegen Gott und den Nächsten treffen, hat unser Handeln Konsequenzen, und diese Konsequenzen können uns und der Welt viel Leid zufügen.

Mit dem freien Willen kommt die Realität, dass unsere Entscheidungen Konsequenzen haben, sowohl gute als auch schlechte. Oft geben wir der Versuchung nach, indem wir uns einreden: „Das wird niemandem wehtun und es ist etwas, das ich wirklich tun möchte." Aber denkt daran: Eure Sünde im Privaten hat Auswirkungen auf mich und meine Sünde im Privaten hat Auswirkungen auf euch. Wenn wir sündigen, stören wir die Harmonie von Gottes ganzem Universum. Jede Sünde, die wir begehen, auch die lässliche, verwundet den Leib Christi, von dem wir alle ein Teil sind.

Wie wir bereits erklärt haben, ist der sicherste Weg, diese Wunden zu heilen, das Sakrament der hl. Beichte, in dem Gottes Barmherzigkeit über uns ausgegossen wird und wir wieder mit Ihm versöhnt werden. Aber auch wenn die Wunde zwischen uns und Gott in der hl. Beichte geheilt ist, bleibt eine Narbe am Leib Christi und in der ganzen Welt zurück. Daher ist es am besten, wenn unsere Sünden durch Gebet, Buße, Opfer und andere Mittel gesühnt werden. Geschieht dies nicht, können sich die Folgen in Form von Krankheiten, Naturkatastrophen, entfremdeten Beziehungen und anderen negativen Auswirkungen zeigen.

Dies sind alles Beispiele für die Unordnung, die unsere Sünden in die Welt bringen können. Nicht nur unser persönliches Leben wird beeinträchtigt, sondern auch das Leben anderer, und sogar die Natur wird in negativer Weise beeinflusst. Dies ist ein weiterer Grund, warum es in der Welt Leid gibt. Die Sünde ist wie Gift, das in Gottes Universum versprüht wird, aber die Sühne ist wie die Medizin, die nötig ist, um es zu entfernen.

Im ersten Kapitel haben wir erörtert, dass das Böse keine reale oder geschaffene Sache ist, sondern vielmehr eine Entbehrung des Guten. Wenn wir Gott aus unseren Gerichten, Schulen, Familien und weiten Teilen unserer Gesellschaft entfernen, hat das zur Folge, dass das Gute selbst verschwindet. Wenn wir uns aus freiem Willen dafür entscheiden, Gott aus unserer Gesellschaft zu entfernen, wird der Mangel an Gutem, der daraus resultiert, als Übel bezeichnet. Daher ist ein Großteil unseres Leidens, von dem wir glauben, dass Gott es uns zufügt, in Wirklichkeit das Gegenteil. Wir fügen es uns selbst zu, indem wir die Quelle der Barmherzigkeit ausschalten, die diesem Leiden ein Ende bereiten könnte.

Dies wirft die uralte Frage auf, ob Gott das Leid will oder nicht. Wenn wir einen freien Willen haben, liegt es dann überhaupt in Gottes Macht, das Leiden zu verhindern, das aus unseren schlechten Entscheidungen resultieren kann? Um diese Frage zu beantworten, müssen wir noch weiter zurückgehen. Steht alles, was geschieht, unter der Vorsehung Gottes? Ja, das ist so. Heißt das dann, dass Gott will, dass ein kleines 5-jähriges Mädchen an Leukämie stirbt? Nein, das bedeutet es nicht.

Das klingt nach einem großen Widerspruch. Wenn alles unter der Vorsehung Gottes steht und Er nur das Gute für uns will, warum lässt Er dann zu, dass wir solche Schmerzen erleiden? Wir haben zwar oben mit der Erklärung des freien Willens einige Gründe dafür genannt, aber es gibt noch einen tieferen Grund, der uns helfen wird, diese verwirrende Frage zu beantworten.

Gott will ein höheres Gut bewirken

Wir alle haben uns diese Fragen schon einmal gestellt: „*Wo war Gott, als ich Ihn brauchte?*" „*Warum hat Er das zugelassen? Sollte Er nicht barmherzig sein?*" Nach Seinem *gebotenen* Willen will Gott nicht, dass es in der Welt Böses und Leid gibt; Er will nicht, dass wir Schmerzen haben oder lähmenden Kummer ertragen müssen. Gott will nicht, dass wir die Qualen der Anschläge vom 11. September 2001, des Coronavirus' oder des Kinderkrebses erleiden müssen. Doch auf eine Weise, die wir nicht ganz verstehen können, lässt Er es zu. In Seinem *alles erlaubenden* Willen stoppt Gott nicht immer unsere Entscheidungen, Böses zu tun, oder die Folgen unserer Sünden.

Der Grund dafür ist, dass Gott möchte, dass wir erkennen, dass wir Seine Barmherzigkeit und Vergebung brauchen, damit Er uns vergeben und barmherzig zu uns sein kann. Außerdem lässt Er es zu, damit Er selbst aus den schlimmsten Übeln ein größeres Gut machen kann. Auf diese Weise muss Gott Sein großzügiges Geschenk unseres freien Willens nicht aufs Spiel setzen und kann gleichzeitig Seine große Liebe und Fürsorge für uns zeigen. Das ergibt einen wunderbaren Sinn, wenn man darüber nachdenkt.

Doch selbst bei dieser Erklärung stoßen wir auf ein weiteres Paradoxon: *Wie kann aus dem Bösen das Gute entstehen?* Nun, unser Herr war schon immer der „Herr des Paradoxons": Die Letzten werden die Ersten sein, die Armen werden reich, die Hungrigen werden satt und die Verfolgten werden Gerechtigkeit finden. Eine der größten Seligpreisungen ist die Verheißung, dass die Trauernden getröstet werden (vgl. Mt 5,4). Damit sagt uns Gott, dass Er die Scherben jeder Tragödie aufsammeln wird und dass Er ein größeres Gut daraus machen will. Wir werden vielleicht nie wissen, was genau dieses Gute ist, aber wir können darauf vertrauen, dass es eintreten wird. Es ist auch wichtig, sich vor Augen zu halten, dass dieses „höhere Gut" vielleicht nicht einmal in dieser Welt liegt, sondern in der kommenden Welt.

Zur Veranschaulichung dieses Punktes möchte ich eine weitere kurze Geschichte erzählen. Kurz nach meiner Priesterweihe war ich mit dem damaligen Br. Allen Alexander MIC, jetzt Pater Allen, auf einer Missionsreise in einer Gemeinde unterwegs. Wir waren in Chicago und hatten gerade unsere Evangelisationsnacht beendet. Es war ein Sonntagabend, und als wir unsere Sachen packten und die Kirche verließen, war es schon ziemlich spät. Wir hatten eine etwa einstündige Fahrt durch die Innenstadt von Chicago bis in die westlichen Vororte zu unserer Mariengemeinde vor uns, wo wir die Nacht verbringen würden. Wir hatten den ganzen Tag nichts gegessen und zu sagen, dass wir hungrig waren, wäre eine Untertreibung.

Auf der Suche nach etwas Preiswertem und Bequemem fiel uns ein White Castle Hamburger-Restaurant auf und wir beschlossen, hineinzugehen und zu essen. Als wir es betraten, stellten wir fest, dass es ziemlich voll war, etwa 50 oder 60 Leute waren anwesend. Wir stellten uns in der Schlange an und sahen uns die Speisekarte an. Während wir warteten, bis wir an der Reihe waren, kam ein verärgerter Mann durch die Tür und richtete seinen Blick sofort auf unsere römisch-katholischen Kragen.

Oft kann man einfach erkennen, wenn jemand leidet. Aber das Leiden dieses Mannes schien sich in regelrechten Zorn zu verwandeln, als er uns sah, was ihn dazu veranlasste, auf uns zuzugehen. Da ich aufgrund seiner geballten Fäuste und seiner knirschenden Zähne eine Reaktion des Bauchgefühles erwartete, dachte ich: *„Was lehrt die Kirche über Selbstverteidigung?“* Ich packte Br. Allen und warf ihn vor mir her. (Allen ist 1,80 m groß, ich nicht!) Der Mann nahm seine beiden Finger und drückte sie mir vor aller Augen in den Kragen, wobei er schrie: „Sagen Sie mir, wie Ihr Gott zulassen konnte, dass meine fünfjährige Nichte an Leukämie stirbt!

Der ganze Ort wurde totenstill. Ich würde vermuten, dass sich dort einige Leute befanden, die seit vielen Jahren oder sogar ihr ganzes Leben lang nicht mehr in einer Kirche gewesen waren. Es gab Drogenabhängige, Prostituierte und sogar Obdachlose aller Art. Dies waren wirklich die leidenden Seelen der Innenstadt von Chicago und dieser Mann erregte ihre Aufmerksamkeit mit seiner Frage, die eine sofortige Antwort verlangte.

Ich antwortete auf die beste Art und Weise, die ich kannte – ich begann, die *Summa Theologiae* des hl. Thomas von Aquin zu zitieren. Als frisch gebackener Priester, der gerade aus dem Priesterseminar kam, erklärte ich ihm, dass die Tragödie des Todes seiner Nichte eine Folge der Erbsünde sei, dass das Böse eine Entbehrung des Guten sei und so weiter.

Unnötig zu sagen, dass er nicht dazu bereit war, das zu hören. Genauso wenig wie alle anderen im Restaurant an diesem Abend. Er rief passiv aus: „Sie hatte keine Sünde! Sie war erst fünf Jahre alt!" Unwissend der seelsorgerischen Notwendigkeit des Augenblicks, fuhr ich fort: „Sir, es ist eine Folge, nicht ihrer Sünde, sondern meiner und Ihrer Sünde. Sehen Sie, wenn wir den Leib Christi verletzen …" Das ging direkt über seinen Kopf hinweg. Anstatt seinen Intellekt anzusprechen, musste ich stattdessen sein verwundetes Herz erreichen. Hier kam Br. Allen ins Spiel.

Gott sei Dank war mein Bruder in Christus da, denn ich machte aus einer unglaublichen Gelegenheit ein Chaos – eine Situation, in der jeder in diesem Restaurant bereit war, von Gott zu hören, wenn auch nur für einen kurzen Moment. Br. Allen schob mich einfach beiseite und begann, meine Scherben aufzusammeln.

„Sir", begann Br. Allen, „wie heißen Sie?" Ich lehnte mich zurück und dachte: *„Mensch, daran hätte ich denken müssen."* Der Mann murmelte leise: „Harold". Br. Allen fragte dann: „Harold, glaubst du an Gott?" Er antwortete: „Ich weiß es nicht. Ich weiß es einfach nicht." Alle Anwesenden hörten aufmerksam zu.

Br. Allen fuhr fort: „Harold, ich kenne dich nicht, aber ich kann dir sagen, dass gerade jetzt ein kleines fünfjähriges Mädchen auf dem Schoß von Jesus sitzt, und ich kann dir versprechen, dass sie mit ihrem kleinen Herzen für dich betet, weil du in ihrem Herzen bist und sie in deinem Herzen ist. Und ich kann dir versprechen, dass Jesus dieses Gebet auf jeden Fall erhören wird. Das bedeutet nicht, dass Er Gebete immer dann erhört, wenn wir es wollen oder so, wie wir es erwarten. Aber Er wird sie erhören. Das ist ein Versprechen.

Siehst du, Harold, wenn ich wetten könnte, würde ich darauf wetten, dass ihre kleinen Gebete dich zu Gott zurückbringen. Vielleicht nicht heute. Vielleicht auch nicht morgen. Vielleicht auch erst im Moment deines Todes. Ich weiß es nicht. Aber ich glaube, dass diese Gebete dir erlauben werden, Gottes Liebe und Barmherzigkeit anzunehmen, selbst inmitten der Dunkelheit. Und wenn du das tust, werden wir zwei gerettete Seelen haben. Sie ist bereits gerettet. Du hast recht, sie hatte keine Sünde. Sie war erst fünf Jahre alt.

Das bedeutet, dass sie im Himmel ist. Das wissen wir und jetzt glaube ich, dass du mit ihren Gebeten eines Tages zu ihr stoßen wirst. Weißt du, Harold, wenn sie in unserer verrückten Welt aufgewachsen wäre, hätte sie es vielleicht nie zu Jesus geschafft. Wir wissen nicht, wie Gott arbeitet. Seine Wege sind nicht unsere Wege. Vielleicht wusste Gott etwas. Ich bin sicher, dass Gott in Seiner unendlichen Barmherzigkeit etwas Gutes aus ihrer Krankheit und ihrem Tod machen wird. Ich erwarte nicht, dass du das glaubst. Ich erwarte nicht, dass du das jetzt verstehst, aber ich denke, eines Tages wirst du es verstehen."

Br. Allen fuhr fort: „Es ist gut möglich, dass sie, wenn sie in dieser heidnischen Welt aufgewachsen wäre, vielleicht verloren gegangen wäre. Vielleicht hätte sie nichts mehr mit Gott zu tun gehabt und wäre verloren gewesen und dann wärst du auch gleich hinter ihr. Aber siehst du, Harold, ich glaube in meinem Herzen, dass ihr beide jetzt gerettet werdet. Gott weiß es besser als wir und wir werden das alles erst nach unserem Tod verstehen. Aber ich kann dir eines sagen: Gott hat euch nicht im Stich gelassen, und Er hat eure kleine Nichte ganz sicher nicht im Stich gelassen."

Nachdem Br. Allen geendet hatte, hörten alle zu und fragten sich, wie Harold wohl reagieren würde. Mit einer Träne in den Augen senkte er den Kopf und schien Br. Allens Worte anzuerkennen. Dieser Mann, der so wütend war, hatte wahrscheinlich noch nie so etwas gehört. Alle Anwesenden waren verblüfft. Man hätte in diesem Restaurant eine Stecknadel fallen hören können.

Harold drehte sich dann um und ging schweigend zur Tür hinaus, ohne sein Essen zu holen. So eindrücklich war dieser Moment. Ich denke immer an ihn und frage mich, was mit ihm passiert ist. Ich bete für ihn und bitte Gott, ihm zu helfen, den Schmerz zu lindern, den er aufgrund eines so schweren Verlustes erleidet.

Hat Gott gewollt, dass das kleine Mädchen an Leukämie stirbt? Nein, aber Er hat es zugelassen. Irgendwie versuchen wir, darauf zu vertrauen, dass Gott aus einer solchen Situation etwas Gutes hervorbringen wird. In diesem spektakulären Fall ging es um das mögliche Gute von zwei geretteten Seelen und nicht um zwei potenziell verlorene Seelen.

Diese Geschichte hat nur Sinn, wenn wir an etwas glauben, das größer ist als das, was wir hier auf Erden erleben. Wenn wir nicht an ein Leben jenseits dieser Welt glauben, dann hat das Leiden keinen Sinn und keinen Wert. Gott lässt das Böse und die Sünde zu, damit wir erfahren, dass Seine Barmherzigkeit größer ist als Sünde und Tod. Das verschafft Gott mehr Ehre, als wenn wir gar nicht erst gesündigt hätten. Deshalb hören wir in jeder Osternacht den Satz „O glückliche Schuld", der sich auf den Sündenfall von Adam und Eva bezieht; Gott hat aus etwas so Tragischem wie dem Sündenfall im Garten Eden tatsächlich ein größeres Gut gemacht. Das größere Gut war die Erlösung der Menschheit und die Erhöhung der menschlichen Natur durch das Leiden, den Tod und die Auferstehung Jesu Christi.

Die Barmherzigkeit des Leidens

Lasst uns nun die Bedeutung des Satzes „O glückliche Schuld" etwas näher betrachten. Als Adam und Eva vor dem Sündenfall im Garten Eden lebten, war alles gut, denn sie lebten in vollkommener Harmonie miteinander und mit der gesamten Schöpfung. Sie hatten übernatürliche Gaben, das heißt, sie wurden nicht krank, sie litten nicht und kannten keine Sünde oder Schande.

Als Gott Adam den Lebensatem einhauchte, teilte Er ihm Seinen Geist mit. Adam und Eva besaßen vor dem Sündenfall die heiligmachende Gnade und waren wirklich nach dem Bild und Gleichnis Gottes geschaffen. Sie waren, wie die Heilige Schrift sagt, Kinder Gottes (vgl. Gen 1,26; 5,3; Lk 3,38) aus Gnade, aber nicht von Natur aus. Mit dem Sündenfall verloren sie dieses Geschenk der heiligmachenden Gnade durch die Erbsünde, aber Gott nutzte den Sündenfall, um ein noch größeres Gut zu bewirken.

Gott ist so barmherzig, dass Er den Sündenfall nutzte, um die Erlösung des Menschen herbeizuführen, und zwar durch die Wiederherstellung der heiligmachenden Gnade und die Erhöhung der menschlichen Natur durch die Menschwerdung der Zweiten Person der Dreifaltigkeit. Die Engel wurden in ihrer *Natur* höher als der Mensch geschaffen (sie haben einen höheren Intellekt, sie leiden nicht, sie sind nicht durch Raum und Zeit eingeschränkt usw.), aber durch die Menschwerdung wurde der Mensch nun durch die *Gnade* höher als die Engel erhoben. Es ist erstaunlich, dass Gott Sein zerbrochenes Geschöpf inmitten Seines Leidens annahm und es voll und ganz am göttlichen Leben Gottes teilhaben ließ. Das ist Barmherzigkeit!

Gott will uns zeigen, was Seine Barmherzigkeit bewirken kann. Er will uns zeigen, dass Seine Barmherzigkeit größer ist als alles andere, sogar als unsere Sünde. Nein, Er hat nicht unseren freien Willen überlistet und uns davon abgehalten, in Sünde zu fallen, aber Er hat uns Seine Barmherzigkeit gezeigt, indem Er uns aus dem Elend der Sünde herausgeholt hat.

Was ist das schlimmste Übel in der Geschichte der Menschheit? Die Kreaturen, die ihren eigenen Schöpfer in einer brutalen Hinrichtung an ein Kreuz nageln. Was ist das größte Gut in der Geschichte der Menschheit nach dem Sündenfall? Die Erlösung, die von diesem Kreuz ausging. Unser sündiges Handeln führte zu Gottes barmherziger Antwort. O glückliche Schuld!

Leiden: Wozu ist es gut?

Der Sündenfall hatte jedoch auch dauerhafte negative Auswirkungen, die wir als Konkupiszenz [Begehrlichkeit, Begierde] bezeichnen. Definiert als unser angeborener Egoismus und unsere gestörten Triebe, die aus der Erbsünde resultieren, verleitet uns die Konkupiszenz zur Sünde und verursacht eine Trennung von Gott und eine Vielzahl von Leiden – körperliche, seelische und geistliche.

Wenn wir all dies berücksichtigen, können wir verstehen, warum wir dazu bestimmt sind, in diesem Leben zu leiden, und warum Gott es zulässt, dass dies geschieht. Aber wir sollten nicht verzweifeln, sondern vielmehr den Wert des Leidens erforschen. Wir können aus der Heiligen Schrift und von vielen Heiligen und Theologen viel über den Wert des Leidens lernen.

Beginnen wir mit der hl. Faustyna. Jesus sagte ihr: **„Durch Gebet und Leiden wirst du mehr Seelen retten als ein Missionar nur durch Lehre und Predigten“** (*TB* 1767). Das bedeutet, dass ihr alle, die ihr dies lest, potenziell mehr Macht habt, Seelen zu retten, als ein geweihter Priester wie ich. Eure Leiden haben so viel Macht!

Die hl. Faustyna schrieb auch: „Wenn Engel neidisch sein könnten, würden sie uns um zwei Dinge beneiden: erstens um den Empfang der hl. Kommunion; zweitens um das Leiden" (*TB* 1804). Der Grund dafür ist, dass die Engel weder körperlich leiden noch die hl. Kommunion empfangen können, weil sie reiner Geist sind. Daher würden sie uns beneiden, weil wir Jesus am meisten nachahmen, wenn wir im Fleisch leiden, wie Er es getan hat; dann sind wir am engsten mit Ihm am Kreuz verbunden. Deshalb schrieb die hl. Faustyna: „… der Herr gab mir zu erkennen, welche unfassbare Ehre die Seele erwartet, die hier auf Erden dem leidenden Jesus ähnelt. Sie wird auch in der Ehre Jesus ähnlich sein" (*TB* 604).

Mir ist klar, dass es viel einfacher ist, jemandem zu sagen, er solle sein Leiden akzeptieren, als es selbst zu akzeptieren. Es ist leicht für uns zu glauben, dass niemand unser Leiden vollständig versteht, aber es ist wichtig, dass wir darauf vertrauen, dass Gott es tut und dass es gute Gründe gibt, warum Er es zulässt. In der Tat können wir darauf vertrauen, dass unser Leiden wirklich einen Wert hat.

Pater Michael Shields, ein katholischer Priester in Anchorage, Alaska, gibt uns in einem Artikel für den *North Star Catholic* eine tiefe Einsicht in den Wert der Annahme unseres Leidens:

> Wenn wir unser Leiden – das, was unserer menschlichen Natur am unangenehmsten ist, – Gott, dem Schöpfer, zurückgeben, wird es zu einem Geschenk von unschätzbarem Wert, das mehr Gnade vom Himmel herabzieht als jede andere Handlung, die wir tun könnten.[41]

Als ich das zum ersten Mal las, fragte ich mich: „Wie kann das wahr sein? Die *Liebe* hat die größte Kraft, um Gnaden vom Himmel herabzuziehen." Dann las ich die nächste Zeile des Artikels, ein Zitat, das dem großen Jesuitenpater und Theologen Pater John Hardon SJ zugeschrieben wird: „Wir lieben nur in dem Maße, in dem wir bereit sind zu leiden."[42] Mit anderen Worten: Liebe und Leiden sind eine Einheit. Der Artikel führt dieses Thema weiter aus: „Wir dürfen nie vergessen, dass der entscheidende Moment der Erlösung für die Menschheit nicht der war, als unser Herr in den Synagogen predigte oder die Kranken heilte. Es war, als die Liebe an ein Kreuz genagelt und ihr Blut vergossen wurde. Wenn die Liebe bereit ist zu leiden, dann sind Liebe und Leiden untrennbar miteinander verbunden."[43]

Die Bibel sagt uns auch: „Es gibt keine größere Liebe, als wenn einer sein Leben für seine Freunde hingibt" (Joh 15,13). Ich sage gerne, dass es keine größere Liebe gibt, als wenn jemand leidet und stirbt, um seine eigenen Henker zu retten, was das Opfer Jesu so selbstlos und lebenspendend machte.

Die Erlösung endet jedoch nicht mit der Liebestat Jesu. Auch wir können an diesem unglaublichen Geheimnis der Erlösung teilhaben, sogar jetzt. In seinem Apostolischen Schreiben *Salvifici Doloris (Über den christlichen Sinn des menschlichen Leidens)* aus dem Jahr 1984 erklärte Papst Johannes Paul II.: „Darum kann auch jeder Mensch durch sein Leiden am erlösenden Leiden Christi teilhaben."[44] Wie Pater George Kosicki CSB und Vinny Flynn in ihrem Buch *Now is the Time for Mercy (Jetzt ist die Zeit der Barmherzigkeit)* erklären, „hat Christus das Leiden geheiligt und es durch Seine Liebe zum

Heil gemacht. Jetzt lädt der Herr uns ein, Partner im Werk der Erlösung zu sein, in dem Er Seine Barmherzigkeit zu allen Menschen bringt".[45]

Ich höre schon einige von euch sagen: „Moment mal, Pater, es gibt nur einen Erlöser: Jesus Christus. Wie können wir Partner von Ihm sein?" Es stimmt, dass Christus der einzige Erlöser ist, aber ein „Partner" oder „Teilhaber" am erlösenden Leiden Christi zu sein, bedeutet nicht, dass wir auf derselben Stufe stehen wie Christus. Wir sind Christus, dem Erlöser, nicht gleichgestellt, aber wir vereinen uns mit Ihm in Seinem erlösenden Handeln. Wenn wir unsere Leiden mit den Seinen am Kreuz vereinen, werden wir zu Partnern in Seinem Erlösungswerk.

Die Schriften der hl. Faustyna unterstreichen diesen Punkt. Jesus sagte ihr: **„Ich begehre, ja Ich begehre die Rettung der Seelen. Hilf Mir, Meine Tochter, Seelen zu retten. Vereinige deine Leiden mit Meinen Leiden und opfere sie dem Himmlischen Vater für die Sünder auf"** (*TB* 1032). Das bedeutet, dass wir unsere Leiden mit denen von Christus vereinen sollen, nicht um die Quelle der Gnade zu sein, sondern um Werkzeuge zu sein, die Gott benutzt, um den Seelen zu helfen, Seine Gnade zu empfangen.

Der hl. Paulus bekräftigte diesen Punkt in der Heiligen Schrift, als er schrieb: „Jetzt freue ich mich in den Leiden, die ich für euch ertrage. Ich ergänze in meinem irdischen Leben, was an den Bedrängnissen Christi noch fehlt an Seinem Leib, der die Kirche ist" (Kol 1,24). Wenn es euch wie mir geht, fragt ihr euch vielleicht: „Was könnte denn an den Leiden Christi fehlen?" Die Antwort lautet: unsere Leiden.

Wenn ihr also Kopfschmerzen habt, wenn eure Kinder euch in den Wahnsinn treiben, oder welche Schwierigkeiten ihr auch immer haben mögt, könnt ihr eure Kreuze in Verbindung mit dem Kreuz Christi aufopfern. Lasst nicht einen einzigen Moment des Leidens verstreichen, ohne es aufzuopfern. Betet dieses Gebet: „Herr, bitte nimm mein Leiden an als Sühne für meine Sünden und die Sünden der ganzen Welt." Auf diese Weise könnt ihr tatsächlich helfen, Seelen zu retten.

Die sel. Dina Bélanger hat uns gelehrt, dass wir vor Glück und Freude sprachlos werden, wenn wir den Wert unserer Kreuze begreifen und sie annehmen. (Ich bin mir nicht sicher, ob ich diese Ebene der Spiritualität schon erreicht habe, aber ich versuche es.) Jeden Morgen und bei jeder Heiligen Messe sollten wir unsere Leiden zusammen mit Jesus Gott dem Vater darbringen.

Papst Johannes Paul II. unterstrich die Bedeutung der Aufopferung unserer Leiden für Gott, als er schrieb:

> Gerade *die Kirche*, die unaufhörlich aus den unbegrenzten Quellen der Erlösung schöpft, ... ist die Dimension, in der das erlösende Leiden Christi ständig vom Leiden des Menschen ergänzt werden kann.[46]

Das hat durchaus Sinn, denn in der Kirche vereinen wir unsere Leiden mit den Leiden Christi. Dies ist derselbe Punkt, den der hl. Paulus über den Wert des Leidens gesagt hat, und deshalb ist eure aufrichtige Teilnahme an jeder Heiligen Messe so wichtig. Sitzt während der Heiligen Messe nicht einfach hinten in der Kirche herum und schaut auf eure Uhr. Das ist der

Moment, in dem ihr eure Leiden Christus am Kreuz darbringen solltet, wie wir es im ersten Kapitel beschrieben haben.

Die Tatsache, dass wir anderen durch unsere Leiden helfen können, unterstreicht die göttliche und menschliche Natur der Kirche. Pater Kosicki und Vinny Flynn heben außerdem die wichtige Rolle hervor, die unser Leiden bei der Rettung von Seelen spielt:

> Das Erlösungswerk Jesu ist nicht abgeschlossen. Er braucht uns, um an Seinem Erlösungswerk mitzuwirken und Seine Barmherzigkeit in diese Generation zu tragen. Diese Art von Partnerschaft beinhaltet eine Teilhabe an Seinen Leiden, um an Seinem Erlösungswerk der Barmherzigkeit teilzuhaben. Das ist der Sinn des Leidens. Es ist heilsam, es ist kostbar, vergeude es nicht![47]

Erstaunlich, das Werk Christi ist noch nicht vollendet? Das mag schockierend erscheinen, vor allem für Nichtkatholiken, aber es zeigt die Kraft, die Gott uns in unserem Leiden gegeben hat.

Ich besuche oft Einrichtungen für betreutes Wohnen, um die Sakramente zu spenden. Wenn ich das tue, werde ich oft gefragt: „Pater, was lehrt die Kirche über ärztlich assistierten Suizid?“ Und ich antworte immer: „Gott segne Sie. Aber darf ich fragen, warum Sie das fragen?“

„Pater, ich bin nur eine Last. Ich bin eine Last für meine Familie. Ich ziehe sie finanziell aus. Ich bin eine Last für diese wunderbaren Mitarbeiter hier. Sie müssen sich rund um die Uhr um mich kümmern. Ich biete der Gesellschaft nichts mehr. Ich bin nichts als eine Last.“

Daraufhin sage ich ihnen mit Nachdruck: „Nichts könnte weiter von der Wahrheit entfernt sein! Ein Gramm Ihres Leidens hat mehr Kraft als eine Atombombe, denn mit dem Kreuz Christi verbunden, kann es Seelen retten. Haben Sie jemals im Bett gelegen und gesagt: ‚Ich bete für die Rettung meines Sohnes oder meiner Tochter‘ oder ‚ich mache mir wirklich Sorgen um die Rettung meines Mannes oder meiner Frau‘? Sie haben die Möglichkeit, durch Ihr Leiden ihr Schicksal zu beeinflussen und nicht nur ihres!“

Wenn wir krank und machtlos sind, uns selbst zu helfen, kann dies eine Gelegenheit für andere sein, in ihrem Mitgefühl zu wachsen und die leiblichen Werke der Barmherzigkeit an uns zu tun. Dies ist ein wertvolles Geschenk für sie. Es kann dazu beitragen, ihre Seelen zu heiligen und sie zur ewigen Belohnung zu führen (denkt an Mt 25!).

Denkt daran, dass Gott nicht wollte, dass wir nur passive Empfänger Seiner Gnade sind! Wir sind aktive Teilnehmer an Christi Erlösungswerk. Dies ist einer der großen Unterschiede zwischen den Lehren der katholischen Kirche und allen anderen christlichen Religionen.

Das bedeutet nicht, dass wir Gott anflehen sollen, unser Leben mit unermesslichem Leid zu überhäufen. Vielmehr sollten wir so handeln wie Christus während Seiner Agonie im Garten und beten, dass der Kelch des Leidens an uns vorübergeht, aber nur, wenn es Gottes Wille ist, ihn wegzunehmen.

Das erlösende Leiden verschafft uns nicht die Vergebung der Sünden (nur die hl. Beichte garantiert die Vergebung), aber es ist ein weiterer Weg (zusätzlich zu denen, die wir bereits erörtert haben), der dazu beitragen kann, die Strafe zu verringern, die wir für unsere Sünden schulden, wie die Läuterung und Loslösung vom irdischen Leben, die wir im Fegefeuer erleiden werden. Auf diese Weise kann das Leiden tatsächlich als eine Ausdehnung der Barmherzigkeit Gottes betrachtet werden, denn je mehr wir leiden, desto mehr können wir zur Sühne für unsere Sünden und die Sünden anderer aufbringen und so möglicherweise jemanden zum Heil führen, der sonst verloren gewesen wäre.

Unser Herr ist so barmherzig, dass Er uns die für unsere Sünden fällige Strafe durch unser Leiden auf Erden erlassen kann, anstatt uns nach dem Tod einer viel schlimmeren Strafe auszusetzen. Heilige haben gesagt, dass ein Gramm Leid in diesem Leben mehr wert ist als tausend Kilogramm Leid nach unserem Tod. So seltsam es auch scheint, das schlimmste Kreuz von allen ist, überhaupt kein Kreuz zu haben! Einmal mehr ist unser Herr der Herr des Paradoxen.

Jesus sagte zur hl. Faustyna: **„… einen anderen Weg in den Himmel gibt es nicht außer dem Kreuzweg. Ich Selbst**

bin ihn zuerst gegangen. Wisse, das ist der kürzeste und sicherste Weg“ (*TB* 1487).

Der Feind wird unsere Leiden und Kreuze benutzen, um uns zur Verzweiflung zu bringen, aber haltet durch – wir alle müssen durch diese Prüfungen gehen. Indem Gott zulässt, dass wir geprüft werden, zeigt Er uns, wie schwach wir ohne Ihn sind, oder wie stark wir sind, wenn wir Ihm unsere Schwierigkeiten anvertrauen (das eine oder das andere, je nachdem, wie wir mit diesen Schwierigkeiten umgehen).

Wenn wir diese Prüfung bestehen, werden wir vervollkommnet, und das Ausharren im Leiden ist der beste Weg, dies zu erreichen. Denkt daran, dass Gott uns nicht mehr geben wird, als wir bewältigen können! Wenn wir zu Gott Zuflucht nehmen, wenn wir vertrauensvoll zu Ihm kommen und Ihm unsere Ängste, unsere Nöte und unsere Unsicherheiten anvertrauen, dann macht Er für uns unsere Lasten und unsere Kreuze leicht.

Wir müssen Ihn um die Gnade bitten durchzuhalten, um die Gnade, unser Kreuz mit Seiner Hilfe tragen zu können. Die hl. Faustyna bat Jesus um diese Gnade (siehe *TB* 1484) und gibt uns damit ein Beispiel dafür, wie wir Gottes Gnade erflehen können, um die Kraft zu haben, das zu ertragen, was Er uns zu tragen aufgibt.

Leiden kann uns aufrütteln

Manchmal lässt Gott es zu, dass wir auf extreme Weise geprüft werden, denn nur in der Tragödie wenden sich einige von uns Ihm zu. Dies ist ein wichtiger Aspekt unseres katholischen Glaubens. Wir alle kennen zum Beispiel die Geschichten von Rockstars, die ein dekadentes Leben führten und nichts mit Gott zu tun hatten, bis die Tragödie zuschlug. Erst nach lebensverändernden Krisen wie Unfällen und Selbstzerstörung durch Drogen- und Alkoholmissbrauch wandten sich viele von ihnen an Gott und baten um Gnade.

Das Gleiche gilt für berühmte Sportler wie Joe Theismann, ein bekannter Quarterback der Washington Redskins in den 1970er- und 1980er-Jahren. 1985 wurde sein rechtes Bein von dem Giants-Linebacker Lawrence Taylor beim Monday Night Football in zwei Hälften gebrochen. Dies beendete seine Karriere und erforderte eine umfangreiche Rehabilitation.

Später sagte Theismann als Antwort auf diejenigen, die es eine Tragödie nannten, dass es „eigentlich ein Segen" war, denn die monatelange Ruhigstellung und Bettlägerigkeit veranlassten ihn, über sein Leben nachzudenken.[48] Er erkannte plötzlich, dass er sich zu sehr auf sich selbst und seine Karriere konzentriert hatte und dass er sein Leben ändern musste, sich mehr für andere Menschen interessieren und die Gaben, die Gott ihm gegeben hatte, ernster nehmen. Dieser tragische Unfall war der Auslöser für seine Rückkehr zu Gott und seinem Glauben. Er veränderte sein Leben.[49]

Ein Zitat, das Erzbischof Fulton J. Sheen gemeinhin zugeschrieben wird, lautet wie folgt: „Manchmal ist der einzige

Weg, wie der liebe Gott in manche Herzen eindringen kann, sie zu brechen."[50] Ein gebrochenes Herz kann ein Mittel sein, um unsere Selbstbezogenheit und unsere Erwartung zu brechen, immer der „Empfänger" und nicht der „Geber" zu sein. Wir sollten den Gott der Tröstungen lieben, nicht nur die Tröstungen Gottes. Wir sollten Ihn nicht nur für die Gaben lieben, die Er uns geben kann, denn die kann Er uns leicht wieder wegnehmen. Wenn Er das tut und unsere Herzen gebrochen sind, können wir in unserem Elend oft die Gelegenheit finden, in der Tugend zu wachsen.

Ein weiteres Beispiel dafür ist ein großer Heiliger, der ein Experte für das Leiden ist: Pater Pio (1887-1968). Dieser Kapuziner-Mystiker empfing viele Jahre vor seinem Tod die Stigmata (die Wunden Christi). Im Laufe seines Lebens ertrug er viele Krankheiten und Leiden, unter anderem wurde er von Dämonen verprügelt. In seinen Schriften ging er darauf ein, warum Gott uns leiden lässt. Einfach ausgedrückt: Manchmal ist das Leiden der einzige Weg, wie Gott unsere Aufmerksamkeit erlangen kann, und manchmal ist unser Leiden der Ausgangspunkt für eine tiefere Beziehung zu Ihm.

Pater Pio erinnerte sich, dass Jesus zu ihm sagte: „Wie oft hättest du mich verlassen, mein Sohn, wenn Ich dich nicht gekreuzigt hätte. Unter dem Kreuz lernt man die Liebe und die gebe Ich nicht allen, sondern nur den Seelen, die Mir am liebsten sind."[51]

Ist euch schon einmal aufgefallen, dass manche Menschen alle Schätze der Welt zu haben scheinen, aber die wichtigste Gabe von allen nicht besitzen: den Glauben? In ihrem Leben scheint alles so perfekt zu sein, aber das ist es nicht wirklich.

Es scheint, wenn Gott uns die große Gabe des Glaubens gibt, gibt Er uns auch eine andere große Gabe: das Leiden. Danke, Jesus (denke ich)!

In diesem Zusammenhang gibt es eine interessante Geschichte über die hl. Teresa von Ávila (1515-1582). Es gibt viele Versionen dieser Geschichte, aber die populärste erzählt, dass die hl. Teresa eines Tages auf ihrem Pferd einen Fluss überquerte und fast weggeschwemmt wurde. Sie beklagte sich beim Herrn über ihre Prüfungen, worauf Jesus antwortete: „Beklag dich nicht, Tochter, denn so gehe Ich immer mit Meinen Freunden um." Daraufhin antwortete sie: „Ach, Herr, deshalb hast du so wenige", oder wie wir heute sagen würden: „Wenn du so mit deinen Freunden umgehst, ist es kein Wunder, dass du so wenige hast."[52]

Wenn alles in unserem Leben perfekt wäre, würden wir wahrscheinlich denken, wir brauchten Gott nicht. Schaut es euch aus dieser Perspektive an. Könnt ihr euch vorstellen, dass ihr jeden Morgen aufwacht, euer Mann euch ansieht und sagt: „Schatz, du bist immer noch das Schönste, was ich je in meinem Leben gesehen habe! Lass mich dir Frühstück machen. Du bleibst einfach im Bett." Und dann kämen eure Kinder hereingelaufen, umarmten euch und sagten: „Mama, wir haben dich ganz doll lieb! Wir haben gerade die Wäsche gewaschen, den Abwasch erledigt und können es kaum erwarten, mit dir zur Heiligen Messe zu gehen." Und dann geht ihr zur Arbeit und euer Chef sagt: „Weißt du was? Du bist die beste Mitarbeiterin – du solltest die Managerin sein. Ich trete zurück und schlage dich als Nachfolgerin vor." Dann kommt ihr nach Hause, alle Rechnungen sind bezahlt, ihr habt alles

Geld, das ihr jemals brauchen könnt, ihr werdet nie krank und es gibt kein Leid.

Würdet ihr in diesem Fall jemals ein verzweifeltes Bedürfnis nach Gott verspüren? Vielleicht nicht, wenn ihr in einen Zustand der Selbstgenügsamkeit und Unabhängigkeit verfallen seid, der die richtige Anbetung Gottes und das Bittgebet vernachlässigt. Auch wenn wir diese Freuden in unserem Leben haben und sie richtig einordnen, dürfen wir nie die Tatsache aus den Augen verlieren, dass sie nur vorübergehend sind. Diese Welt wird enden und dann zählt nur noch das ewige geistliche Reich. Um uns darauf vorzubereiten, brauchen wir unbedingt Gott – es gibt keinen anderen Weg. Deshalb sollten wir schon jetzt damit beginnen, unser Bedürfnis nach Ihm in unserem täglichen Leben zu erkennen, besonders inmitten von Prüfungen und Bedrängnissen.

Deshalb finden wir in der Heiligen Schrift viele Beispiele dafür, dass guten Menschen schlimme Dinge widerfahren sind. Einige Beispiele sind der Mord an Abel (Gen 4), das Leiden Ijobs (Ijob 1,13-22; 2,10; 13,15; Jak 5,11), das Leiden Josefs (Gen 37,23-36; 39,1-23), das Leiden des Paulus (2 Kor 11,22-30; 12,7-10) und natürlich all die Leiden Christi in den Evangelien.

Ein leidender Diener zu sein, ist eigentlich eine Berufung Gottes. Wenn ihr körperlich, geistlich oder seelisch viel Leid ertragen müsst, könnte es sein, dass ihr ein leidender Diener seid. Ihr solltet zwar nicht automatisch zu dem Schluss kommen, dass ihr, nur weil ihr leidet, eine Berufung von Gott habt (und ihr solltet auch nicht automatisch glauben, dass ihr von Gott bestraft werdet, nur weil ihr leidet), aber es ist dennoch etwas, das ihr mit der Anleitung eines geistlichen Begleiters erkunden und darüber beten solltet. Das ist deshalb so wichtig, weil wir sonst in solchen Situationen vielleicht nie Gottes Barmherzigkeit erfahren.

Vergesst nicht, dass wir, die Kirche, die Braut Christi sind, und das bringt die Notwendigkeit mit sich, geläutert zu werden, damit wir Ihm ähnlichen werden können! Und Leiden ist eines der wirksamsten Mittel zur Läuterung. Wir sehen ein dramatisches Beispiel dafür in einer erhellenden Begebenheit, die im *Tagebuch* der hl. Faustyna aufgezeichnet ist:

> Jesus stand plötzlich vor mir, Seiner Kleider entblößt, am ganzen Leibe mit Wunden bedeckt, die Augen mit Blut und Tränen gefüllt, das ganze Antlitz verunstaltet, mit Speichel bedeckt. Da sagte mir Jesus: „**Die Braut muss ihrem Bräutigam ähnlich sein.**" Ich begriff diese Worte zutiefst. Hier gibt es keinen Platz für Zweifel. Meine Ähnlichkeit mit Jesus soll durch Leiden und Demut sein (*TB* 268).

Gebet und Leiden können uns und unsere Lieben in den Himmel bringen

Dem hl. Johannes Vianney (1786-1859), dem Schutzpatron der Priester und wundertätigen Pfarrer von Ars, wurde während eines Exorzismus gesagt, dass 80.000 Seelen aufgrund seiner Heiligkeit der Hölle entgangen seien. Das lag sicher daran, dass er betete, Leiden ertrug und sich heldenhaft aufopferte, um die Seelen seiner Gemeindemitglieder zu retten.[53] Das gibt uns einen Einblick in die Kraft unseres Leidens. Wenn der hl. Johannes Vianney 80.000 Seelen retten konnte, dann könnt ihr seinem Beispiel folgen und Gott auch im Kleinen euer Bestes geben, um jedes Kreuz um der Seelen willen zu tragen.

Das Leben der Heiligen im Laufe der Jahrhunderte bietet zahlreiche Beispiele für Gebet und erlösendes Leiden, an denen ihr euch orientieren könnt. Jesus sagte der hl. Faustyna, dass das Heil vieler Seelen von ihren Gebeten abhänge:

> **Bete, so viel du kannst, für die Sterbenden, erflehe ihnen Vertrauen auf Meine Barmherzigkeit, denn sie bedürfen des Vertrauens am meisten und haben es am wenigsten. Wisse, dass für manche Seelen die Gnade der ewigen Erlösung im letzten Augenblick von deinem Gebet abhing** (*TB* 1777).

Manche Menschen könnten die Worte Jesu dahingehend missverstehen, dass wir die gleiche Macht wie Gott haben. Das ist natürlich nicht der Fall, denn nur Gott kann Seelen retten. Erinnern wir uns daran, dass Gott uns nur als Werkzeuge benutzt (mit den Worten von Papst Johannes Paul II. sind wir „Teilhaber" am Werk Christi). Er möchte, dass wir an Seinem Erlösungswerk teilhaben.

Die ganze Gnade des Heils kommt zwar von Gott, aber Er kann uns als Kanäle benutzen, um diese Gnade zu empfangen und weiterzugeben. Jesus ist das Haupt des Leibes und wir sind die Glieder, die Sein Werk vollbringen, Seinen Befehlen gehorchen und so helfen, Sein Ziel zu erreichen. Gott ist die eigentliche Ursache der Erlösung, aber wir können eine instrumentelle Ursache sein.

Wenn wir uns dafür entscheiden, so zu lieben, wie Gott liebt, wenn wir zu Werkzeugen Seiner Barmherzigkeit werden, können wir auch einen großen Fallstrick vermeiden, den wir jetzt besprechen werden.

Ihn dafür loben, dass Er mehr gelitten hat

An diesem Punkt sollten wir uns davor hüten, uns zu sehr auf unser Leiden zu konzentrieren, denn auch das kann hochmütig machen. Wir sollten es vermeiden, anderen unsere Probleme zu sehr zu verkünden, und stattdessen Zeit finden, ihnen ein offenes Ohr zu schenken. Ich erinnere mich oft daran, dass ich meine Beschwerden nicht ständig an meine Mitmenschen weitergeben muss, sondern dass ich mich, so gut es geht, auf den Willen Gottes und die Bedürfnisse der anderen konzentrieren sollte. Wir sollten uns für ihre Sorgen und Nöte interessieren, als wären sie unsere, und für sie beten, wie Jesus es der hl. Faustyna aufgetragen hat. Wie sie werden wir dafür verantwortlich sein, für die Seelen zu beten, die Gott uns anvertraut hat.

Eine Sache, die ich im Laufe der Jahre gelernt habe, ist, dass, wie schwer meine Leiden auch geworden sind, es immer jemanden gibt, der noch schlimmere Prüfungen durchmacht als ich. Viele Male habe ich mich nach solchen Einsichten bei unserem Herrn für meine Selbstbezogenheit entschuldigt.

Versteht mich nicht falsch: Gott will von uns hören und es ist völlig in Ordnung, sich bei Ihm zu beklagen, wie wir in den *Klagepsalmen* der Heiligen Schrift lesen. Aber es ist auch wichtig, für die Segnungen dankbar zu sein, die Gott uns auch inmitten unserer Prüfungen schenkt.

Eine hilfreiche Übung, die ihr anwenden könnt, wenn ihr das Gefühl habt, dass euer Leiden überwältigend geworden ist, besteht darin, den Weg unseres Herrn nach Golgota zu betrachten und darüber nachzudenken, was Er während Seiner bitteren Passion ertragen hat. Dankt Ihm für alles, was Er euch durch Sein Leiden und Seinen Leidensweg geschenkt hat, vor allem für eure Errettung! Dankt Ihm dafür, dass Er eure Schuld für die Sünde bezahlt hat, damit ihr nicht ewig leiden müsst! Dankt ihm, dass Er für euch gestorben ist, damit ihr das ewige Leben habt! Wenn ich das tue, bekomme ich eine neue Perspektive auf meine Sorgen, Schmerzen und Leiden und sie erscheinen mir nicht mehr ganz so schlimm. (In der Tat, Er macht unsere Lasten einfach und unsere Kreuze leicht.)

Wusstet ihr, dass ein einziges Mal zu sagen „Gott sei gepriesen" in Zeiten der Verzweiflung mehr Kraft hat als hundertmal in Zeiten des Trostes? Wir wachsen am meisten in schwierigen Zeiten, wenn wir über unsere Grenzen hinaus belastet werden. Denkt an Sportler, die Großes leisten, wenn ihre Trainer sie über das hinaustreiben, was sie sich selbst zutrauen!

Die US-amerikanische Hockey-Olympia-Mannschaft von 1980, die ich in Kapitel 4 erwähnt habe, war ein klassisches Beispiel dafür. Sie waren ein zusammengewürfelter Haufen von College-Kids, die noch nie Profi-Hockey gespielt hatten, während die sowjetische Nationalmannschaft die beste Hockeymannschaft der Welt war. Sie hatte bereits mehrere olympische Goldmedaillen gewonnen und 1979 sogar die NHL-All-Stars mit Leichtigkeit geschlagen. Zehn Tage vor Beginn der Olympischen Spiele wurde die amerikanische Olympia-Mannschaft von dieser beeindruckenden sowjetischen Mannschaft in einem vorolympischen Testspiel vom Platz gefegt.

Die Amerikaner waren die Außenseiter des gesamten Wettbewerbs und niemand gab ihnen auch nur die geringste Chance auf eine Medaille, geschweige denn auf die Goldmedaille. Bis ihr Trainer Herb Brooks sie dazu brachte, über das hinauszugehen, was sie für möglich hielten. Er stellte alle Eishockeynormen in Frage und rief seine Spieler auf ein höheres Niveau, indem er sie dazu inspirierte, an sich selbst zu glauben, da es sonst niemand tat. In einem wundersamen Umsturz, der von der Zeitschrift *Sports Illustrated* zum größten Sportereignis des 20. Jahrhunderts erklärt wurde, besiegte dieser amerikanische „David" den sowjetischen „Goliat" und gewann die Goldmedaille.

Indem Gott uns über unsere Grenzen hinaus fordert, hilft Er uns zu wachsen. Aber wir haben eine Wahl: Wir können unser Leiden annehmen und um Gottes Gnade bitten, wie der gute Schächer, der neben Jesus gekreuzigt wurde, der sein Kreuz auf sich nahm und Jesus bat, seiner zu gedenken, oder wir können wie der böse Schächer sein und unsere Kreuze ablehnen (siehe Lk 23,39-43).

Aus Liebe zu Gott und dem Nächsten

Was wir gerade über die Bedeutung des Überschreitens unserer Grenzen und der Annahme unseres Leidens gelesen haben, ist der Ausgangspunkt für etwas Entscheidendes: die Liebe. Echte Liebe beginnt mit der Selbstaufopferung, die es uns ermöglicht, unsere natürlichen Grenzen zu überwinden. Die gebrochene menschliche Natur neigt zu Egoismus und Vergnügungssucht, dem Gegenteil dessen, was uns im Leiden begegnet. Deshalb haben wir vorhin gesagt, dass Leiden und Liebe untrennbar sind.

Anstelle von Selbstbezogenheit lehrt uns das Leiden wahre Liebe, die sich am besten in der Liebe zu Gott und zum Nächsten äußert. Interessanterweise sind das zufällig die beiden größten Gebote!

In ihrem *Tagebuch* gibt uns die hl. Faustyna einen erstaunlichen Einblick, wie das Leiden untrennbar mit unserer Liebe zu Gott verbunden ist:

> Wenn wir viel leiden, haben wir die große Gelegenheit, Gott zu beweisen, dass wir Ihn lieben. Wenn wir wenig leiden, ist auch weniger Gelegenheit gegeben, Gott unsere Liebe zu zeigen; falls wir aber gar nicht leiden, ist unsere Liebe weder groß noch rein. Mit Gottes Gnade können wir so weit gelangen, dass Leiden sich für uns in Wonne umwandelt, denn Liebe vermag in reinen Seelen solches zu bewirken (*TB* 303).

Wie wir alle wissen, gibt es nichts Wichtigeres, als Gott zu lieben, ja, unser ewiges Schicksal hängt davon ab. Das macht diesen unscheinbarsten aller Gründe für die Akzeptanz unseres Leidens vielleicht zum wichtigsten überhaupt. Durch das Leiden können wir lernen, auf eine Weise zu lieben, die ewig währt.

Das ist eine mächtige Wahrheit, denn sie sagt uns, dass wir entweder das Leiden auf dieser Erde akzeptieren und die Ewigkeit mit Gott genießen können, oder wir können uns dafür entscheiden, unser Leben hier zu genießen und in der Ewigkeit zu leiden. Mir fällt diese Entscheidung leicht und mein Gebet lautet: „*Herr, bitte hilf mir, mein Leiden hier auf der Erde zu akzeptieren; bitte reinige mich von meinen Sünden, damit ich die Ewigkeit mit dir im Himmel verbringen kann!*“ Noch einmal: Das Leiden ist Gottes Geschenk der Barmherzigkeit an uns.

In ähnlicher Weise ist das Leiden auch der wichtigste Weg, um unsere Nächstenliebe zu zeigen, indem wir unsere Erfahrungen nutzen können, um jemandem zu helfen, der gerade leidet. Welche bessere Hilfe könnte es für einen Krebspatienten geben, als mit einem Überlebenden zu sprechen? Oder für eine Mutter, die ein Kind durch Selbstmord verloren hat, mit einer Mutter sprechen zu können, die dies nun plötzlich ertragen muss? Der hl. Paulus sagt uns: „Gepriesen sei der Gott und Vater unseres Herrn Jesus Christus, der Vater des Erbarmens und Gott allen Trostes. Er tröstet uns in all unserer Not, damit auch wir die Kraft haben, alle zu trösten, die in Not sind, durch den Trost, mit dem auch wir von Gott getröstet werden“ (2 Kor 1,3-4).

Dieses Konzept der Nächstenliebe gilt nicht nur für diejenigen, für die wir unser Leid aufopfern, sondern auch für diejenigen, die uns leiden lassen. Wisst ihr, für wen wir nach den Worten der Heiligen im Augenblick unseres Todes am dankbarsten sein werden? Für lästige Menschen. Und wir alle haben sie in unserem Leben! Und warum? Ohne die Kreuze, die sie uns geben, würden wir nicht in den Himmel kommen. Ist das nicht interessant?

Erst bei unserem Gericht werden wir sehen, wie segensreich diese lästigen Menschen und all die Prüfungen waren, die sie uns auferlegt haben. Sie bieten uns zahlreiche Gelegenheiten, um in Geduld und Tugend zu wachsen. Wenn wir mit Lastern wie Ungeduld zu kämpfen haben, zeigt das, dass wir uns selbst noch mehr lieben als unseren Nächsten. So können die Kreuze, die uns von anderen auferlegt werden, helfen, in der Heiligkeit zu wachsen, und sind Teil von Gottes Plan für unser Heil.

Zusammenfassung des Leidens

Es gibt viele Gründe, warum Gott Leiden zulässt. Wir können nun einige der wichtigsten Punkte zusammenfassen. Zu den Gründen gehören unter anderen die folgenden:

- Um die Anziehungskraft dieses physischen, zeitlichen Lebens zu vermindern. Der Himmel ist das Wichtigste, nicht unsere kurze Existenz auf der Erde.
- Um uns wie Seinen Sohn zu machen. Jesus hat am Kreuz gelitten und wir können wie Er sein.
- Um unseren Glauben an Gott zu läutern. Er wird geläutert, indem er geprüft wird wie Gold im Feuer (siehe 1 Petr 1,7).

- Um uns Zufriedenheit und Dankbarkeit zu lehren; mit anderen Worten, uns zu lehren, das anzunehmen, was Gott uns gibt, das Gute und das Schlechte. Ijob hat uns an diesen Punkt erinnert.
- Um uns Gebet und Abhängigkeit zu lehren. Wann wenden sich die meisten Menschen wieder an Gott? Wenn sie krank werden oder ein geliebter Mensch im Sterben liegt. Dann merken sie, dass es niemanden gibt, der ihnen helfen kann.
- Um uns in der Tugend zu vervollkommnen.
- Um uns zu helfen, Mitgefühl für andere zu entwickeln.
- Um unsere Liebe zu Gott und zum Nächsten zu stärken.
- ES IST GOTTES BARMHERZIGKEIT!

Leiden ist wie ein Sturm: Oft kommt er aus dem Nichts und droht, unser Boot zu überschwemmen, und wenn wir nicht aufpassen, könnten wir sogar ertrinken. Aber in jedem Sturm ist Jesus gegenwärtig, genau wie in den Geschichten, die wir in den Evangelien lesen. Er kann den Sturm beseitigen oder uns zumindest durch ihn hindurchbringen, wenn wir uns im Vertrauen an Ihn wenden. Das Problem ist nicht der Sturm; das Problem ist, wie am Anfang dieses Buches beschrieben, unser Mangel an Vertrauen.

Jesus sagte zur hl. Faustyna:

> **Wisse, dass dein Leib und deine Seele oft im Feuer sein werden. In mancher Stunde wirst du Mich zwar nicht fühlen, doch werde Ich bei dir sein. Fürchte dich nicht, Meine Gnade bleibt mit dir** (*TB* 1767).

Wenn ich über Leiden nachdenke, komme ich immer wieder auf die bekannte Geschichte „Spuren im Sand“ zurück. Darin geht es um einen Mann, der auf sein Leben zurückblickt und es wie Fußabdrücke an einem Strand sieht. Die meiste Zeit seines Lebens sieht er zwei Fußabdrücke und er weiß, dass die anderen Fußabdrücke Gott zeigen, der neben ihm geht. Dann sieht er, dass es in den schwierigsten Zeiten seines Lebens nur eine Reihe von Fußabdrücken gibt. Er stellt Gott zur Rede und fragt Ihn, warum Er ihn in einer Zeit, in der er göttlichen Beistand am dringendsten benötigt, allein gehen lässt. Gott erklärt dem Mann, dass die einzigen Fußabdrücke nicht die des Mannes sind, sondern die von Gott, der den Mann durch die schwersten Zeiten getragen hat.[54]

Wenn wir Gott vertrauen, wissen wir, dass Er uns in den Zeiten am nächsten ist, in denen alles am dunkelsten erscheint, in denen Er am weitesten entfernt oder sogar ganz abwesend zu sein scheint. Aber wir können wissen, dass Er nie abwesend ist, denn wenn Gott uns jemals wirklich allein ließe, würden wir aufhören zu existieren. Solange wir noch atmen und in der Lage sind zu fragen, ob Gott uns liebt oder nicht, lautet die Antwort, dass *Er uns wirklich liebt*. Er hat uns ins Leben geliebt und Er erhält unsere Existenz durch Seine Liebe und Barmherzigkeit aufrecht.

Ich erwarte nicht, dass jeder dies vollständig versteht, wenn er sich inmitten eines extremen Traumas oder einer Unruhe befindet. Es ist leicht für jemanden, diese Lehre zu verkünden, wenn er nicht leidet, wenn er nicht derjenige ist, der kämpft. Aber letztendlich können wir es dank der Tugend der Hoffnung glauben. Die Heilige Schrift gibt uns Hoffnung, indem sie uns sagt, dass Gott im Himmel alle unsere Tränen abwischen wird (siehe Offb 21,3-4). Wir müssen nur durch dieses Tal der Tränen hindurchgehen, denn „was Gott denen bereitet hat, die Ihn lieben, das haben die Augen nicht gesehen und die Ohren nicht gehört" (1 Kor 2,9).

Gottes Barmherzigkeit ist gegenwärtig, auch nach Tragödien

Irgendwann in unserem Leben werden wir alle eine Tragödie oder einen Verlust erleben, sei es in Form von Krankheit, finanziellen Problemen oder Tod. Ein solches Beispiel ist der Selbstmord. Es ist eine der schwierigsten Tragödien, mit denen man umgehen muss, weil wir immer das Gefühl haben, dass der geliebte Mensch noch bei uns wäre, wenn wir etwas anders gemacht hätten (oder etwas nicht getan hätten). Der Gedanke an Selbstmord lässt uns erschaudern und oft wissen wir nicht, wie wir darüber sprechen sollen.

Die folgende Geschichte findet sich in voller Länge in meinem Buch *Nach dem Selbstmord: Es gibt Hoffnung für sie und für euch*, das ich zusammen mit Fr. Jason Lewis MIC verfasst habe. Die Lehren und Prinzipien, die darin erörtert werden, gelten jedoch nicht nur für Selbstmord, sondern für jede Art von Tragödie oder Verlust. Indem ich diese persönliche Geschichte eines Verlustes in meinem eigenen Leben erzähle, hoffe ich, die Macht der Barmherzigkeit Gottes zu vermitteln.

Wie in dem o.g. Buch beschrieben, habe ich meine Großmutter durch Selbstmord verloren. Nachdem sie viele Jahre lang unter körperlichen und seelischen Rückschlägen gelitten hatte, gab sie schließlich den Kampf auf und nahm sich 1993 auf tragische Weise das Leben. Dieses Ereignis hat unsere gesamte Familie erschüttert. Im Nachhinein fiel es uns sehr schwer, über ihren Selbstmord zu sprechen, denn als Katholiken wurde uns immer gesagt, dass Seelen, die sich das Leben nehmen, nach dem Tod für immer verloren sind. Aus diesem Grund haben wir zehn Jahre lang nach dem Tod meiner Großmutter nie darüber gesprochen. Es war fast so, als wollten wir alle diese schmerzhafte Erinnerung an die Vergangenheit unserer Familie auslöschen – nicht die Erinnerung an ihr Leben, sondern den Schock über ihren Tod.

Anfang der 2000er-Jahre begann ich dann, zu meinem katholischen Glauben zurückzukehren, nachdem ich viele Jahre lang bestenfalls lauwarm gewesen war. Ich habe meinen Glauben nie abgelehnt, aber ich habe ihn auch nicht wirklich gelebt und ich habe ihn nicht in irgendeiner Weise praktiziert, abgesehen von ein paar Sonntags- und Feiertagsmessen im Jahr. Das alles änderte sich jedoch, als ich nach North Carolina zog, um mein eigenes Unternehmen zu gründen. Inmitten des Glaubensfeuers des Südens erlebte ich eine Reihe von „Gottesereignissen“ in meinem Leben, die in mir ein neues und unaufhörliches Verlangen weckten, zu beten, die Heilige Messe zu besuchen und jedes Andachtsbuch zu lesen, das ich in die Finger bekam.

Während dieser „Umkehr“ ging ich 2003 zu einer Generalbeichte, um mich von der Last zu befreien, die ich seit meiner letzten hl. Beichte durch die Sünden der letzten 20 Jahre auf meine Schultern geladen hatte. Im Gespräch mit dem Priester erwähnte ich unter anderem die Schuldgefühle, die ich nach dem Tod meiner Großmutter hatte.

Ich klagte ihm, dass ich mich nicht einmal daran erinnern konnte, bei ihrer eigenen Beerdigung für sie gebetet zu haben. Gequält von dieser Unterlassungssünde, bedauerte ich, dass sie meine Gebete gebraucht hätte, als sie noch lebte und so sehr litt, ich aber nicht für sie da war. Diese Qual verfolgte mich noch jahrelang nach ihrem Tod, denn es war zu spät, ihr zu helfen – ich glaubte, dass ihre Seele verloren war. Als ich dem Priester sagte, dass ich immer geglaubt hatte, die Kirche lehre, dass man in die Hölle verdammt sei, wenn man sich das Leben nehme, belehrte er mich eines Besseren. „Nein", sagte er, „das ist nicht die Lehre der Kirche." Er klärte mich über mehrere Aspekte der kirchlichen Lehre über Selbstmord und Sünde auf, die ich damals noch nicht kannte und die ich hier kurz wiedergeben möchte.

Der Grund, warum vielen Katholiken dies gesagt wird, ist, dass die frühen Theologen Selbstmord als Mord an sich selbst und damit als Todsünde betrachteten. Ja, objektiv gesehen ist Selbstmord eine schwerwiegende Angelegenheit (ebenso wie die Hilfe zur Selbsttötung). Bitte lasst euch nicht von Leuten beeinflussen, die behaupten, assistierter Suizid sei „Gnadentötung". So etwas wie Gnadentötung gibt es nicht, denn die katholische Lehre betont, dass nur Gott bestimmen kann, wann eine Seele von dieser Erde abberufen wird.

Wir müssen zulassen, dass in solchen Fällen Gottes Wille geschieht, selbst wenn Leiden im Spiel ist, denn Gottes Barmherzigkeit kann darin bestehen, dass eine Seele Läuterung und Sühne erfährt, um gerettet zu werden. Es ist natürlich, das Leiden eines Menschen vollständig lindern zu wollen, aber da dieses Leiden vielleicht dem Heil der Seele des Betreffenden oder der Seele eines anderen dient, steht es uns nicht zu, die Entscheidung zu treffen, das Leben des Betreffenden zu verkürzen.

Selbstmord wird als schwerwiegende Angelegenheit betrachtet, weil er eine Sünde gegen Gott und den Nächsten ist. Gott hat uns das Leben geschenkt, und da nur Er bestimmt, wann es endet, ist es eine Sünde, sich das Leben zu nehmen, das rechtmäßig Gott gehört. Selbstmord ist auch eine Sünde gegen den Nächsten, weil er den Angehörigen viel Schmerz zufügt und damit das Gegenteil von Nächstenliebe ist.

Diese frühen Theologen hielten den Selbstmord auch deshalb für verdammenswert, weil er keine Zeit zur Reue lässt; daher glaubten sie, dass die Seele, die sich das Leben nimmt, verdammt ist, weil sie in einem unbußfertigen Zustand der Todsünde stirbt. Lehrt die Kirche angesichts dieses Verständnisses immer noch, dass diejenigen, die sich das Leben nehmen, automatisch in die Hölle kommen? Nicht unbedingt. Obwohl diese Sünde zum Verlust einer Seele führen kann, hat die Kirche nie gelehrt, dass eine bestimmte Seele, selbst nach einem Selbstmord, in der Hölle ist.

Selbstmord ist zwar objektiv eine ernste Angelegenheit, aber die Geschichte hat noch mehr zu bieten. Wie wir bereits erwähnt haben, gibt es nur eine Möglichkeit, wie eine Seele auf ewig verloren gehen kann, nämlich dann, wenn die Person in einem reuelosen Zustand der Todsünde stirbt. Doch damit eine Sünde als Todsünde gilt, müssen drei Bedingungen erfüllt sein. Erstens muss die Sünde schwerwiegend (ernsthaft) sein. Selbstmord ist eine schwere Sünde, ebenso wie Gewalt gegen andere, sexuelle Sünden oder das unentschuldigte Versäumen der Sonntagsmesse, um nur einige Beispiele zu nennen. Zweitens muss die Person volles Wissen darüber haben, dass die Tat eine Sünde ist. Die meisten Menschen würden anerkennen, dass Selbstmord eine Sünde ist. Drittens muss die Person die Absicht haben, die Tat mit vollem freiem Willen zu begehen. Lasst uns kurz darüber sprechen.

Bei dieser dritten Bedingung sind die Dinge nicht so „schwarz und weiß". Im Falle eines Selbstmordes kann es sein, dass eine Person keinen völlig freien Willen hat; sie will sich vielleicht nicht wirklich das Leben nehmen. Meine Großmutter ist ein Beispiel dafür. Sie kämpfte und versuchte alles, nur um einen weiteren Tag zu überstehen. Das Leiden, das sie ertrug, war sehr schwer für sie, und sie konnte den Kampf nicht fortsetzen, einen Kampf, der sie über ihre körperlichen und seelischen Fähigkeiten hinaus zermürbte. Aufgrund dieses möglichen Mangels an freiem Willen ist der Selbstmord subjektiv gesehen keine Todsünde in dem Sinne, dass die Person unter bestimmten Umständen keine volle Schuld für ihre Handlungen trägt, wie wir gleich sehen werden.

Der Selbstmord meiner Großmutter

Ich erzählte dem Pfarrer in North Carolina, dass meine Großmutter am Vatertag 1993 die tragische Entscheidung traf, sich das Leben zu nehmen. Mit einer Handfeuerwaffe, die mein Großvater ihr zum Schutz gegen unbegründete Ängste vor Einbrüchen gekauft hatte, traf sie eindeutig die falsche Wahl.

Selbstmord ist nie die richtige Entscheidung – er ist eine dauerhafte Reaktion auf vorübergehende Probleme, ganz gleich, wie schwerwiegend diese Probleme auch sein mögen.

Dennoch müssen wir mit denjenigen mitfühlen, die sich das Leben genommen und den Kampf aufgegeben haben. Aufgrund ihrer Lebensumstände sind diese Menschen vielleicht nicht der Verzweiflung schuldig in dem Sinne, dass sie jegliches Vertrauen auf Gott aufgegeben und sich bewusst dafür entschieden haben, Seine Barmherzigkeit abzulehnen, weil sie glauben, dass es keine Hoffnung für ihre Rettung gibt. Viele Selbstmordopfer glauben nicht unbedingt, dass Gott sie nicht liebt und sie nicht retten will. Ich weiß, dass meine Großmutter das nicht tat.

Oft wollen diese Menschen einfach nur, dass ihr Schmerz aufhört. Sie wollen Gott nicht ablehnen oder beleidigen oder eine schwere Sünde begehen. Sie haben vielleicht Hilfe für ihre geistige oder körperliche Krankheit oder ihr emotionales Leiden gesucht, aber ohne Erfolg. Macht sie das schuldig an einer verdammenswerten Sünde? Wiederum nicht unbedingt. Im *Katechismus* heißt es: „Schwere psychische Störungen, Ängste oder schwere Furcht vor Not, Leid oder Folter können die Verantwortlichkeit desjenigen mindern, der Selbstmord begeht“ (2282).

Im Laufe der Jahre hat sich die Kirche von einer Betrachtungsweise des Selbstmordes, die ausschließlich auf der objektiven Schwere der Sünde beruht, zu einer eher subjektiven Betrachtungsweise hinbewegt, die die Faktoren berücksichtigt, welche die Schuld einer Person mindern. Die Heilige Mutter Kirche ist im Umgang mit solchen Tragödien pastoraler geworden, und zwar sowohl im Hinblick auf die betroffenen Familien als auch auf die verstorbene Person im Besonderen.

Subjektiv mag es mildernde Faktoren wie Geisteskrankheit oder mangelnde Willensfreiheit geben, die bei der Entscheidung eines Menschen, sich das Leben zu nehmen, eine Rolle spielen, so dass niemand den unvorstellbaren Schmerz, der eine solche Tragödie auslöst, voll ermessen kann. Niemand kann daher über einen Menschen urteilen, dessen Entscheidung wir nicht nachvollziehen können. So betrachtet die Kirche den Selbstmord heute – seelsorgerisch und mit Mitleid, nicht mit Verurteilung.

Die Kirche versteht heute, dass der Gedanke an Selbstmord oder der Vollzug des Selbstmordes ein Elend ist, und Gottes Antwort auf das Elend ist immer Barmherzigkeit gewesen. Pater William Byron SJ schrieb einmal:

> Die Kirche lehrt immer noch, dass es eine Hölle gibt, überlässt es aber Gott zu entscheiden, wer dorthin kommt. Und die göttlichen Entscheidungen werden in dieser Hinsicht durch die Göttliche Barmherzigkeit gefiltert. Eine Tragödie am Ende dieses Lebens ist kein sicheres Zeichen für eine ewige Tragödie im nächsten Leben.[55]

Kehren wir nun zu meiner Generalbeichte im Jahr 2003 zurück. Nachdem ich dem Priester zugehört hatte, der mich über die kirchliche Lehre belehrte, begann ich, Hoffnung auf die Möglichkeit der Rettung meiner Großmutter zu schöpfen.

Es lastete jedoch immer noch schwer auf meinem Herzen, dass ich bei ihrer Beerdigung nicht für sie gebetet hatte. In der Tat war dies ein wichtiger Grund, warum ich überhaupt zur hl. Beichte ging.

Ich sagte dem Priester, dass ich zum Zeitpunkt ihres Todes zu sehr damit beschäftigt war, mir Sorgen um den Ruf unserer Familie zu machen, anstatt Gott um Seine Gnade für ihre Seele zu bitten. Ich war um unseren guten Namen besorgt und versuchte, die Tatsache, dass sie sich das Leben genommen hatte, aus ihrem Nachruf und aus der Öffentlichkeit herauszuhalten. Das war ein egoistisches Verhalten meinerseits, denn ich war mehr damit beschäftigt, was die Leute über ihren Tod dachten, als damit, was sie über ihr Leben dachten. Meine damalige mangelnde Sorge um ihr Seelenheil wurde mir in den Jahren nach ihrer Beerdigung zum Verhängnis (obwohl ich zum Zeitpunkt ihres Todes in der kirchlichen Lehre ziemlich ungebildet war und daher vielleicht nicht ganz schuldig).

Selbst zehn Jahre nach ihrem Tod trug ich noch große Schuldgefühle, weil ich 1993 nicht für meine Großmutter gebetet hatte. Dann wurde mir klar, dass ich kurz vor ihrem Tod, als ich wusste, dass sie litt, für sie hätte beten sollen. Ich fühlte mich auch schuldig, dass ich nicht gleich nach ihrem Tod für sie gebetet hatte, obwohl ich auch da für sie hätte beten sollen.

Ich erläuterte dem Priester meine Bedenken und aufgrund seiner Worte schöpfte ich neue Hoffnung, obwohl ich es immer noch für wahrscheinlich hielt, dass die Seele meiner Großmutter in der Hölle war. Schlimmer noch, ich glaubte, dass dies zum Teil daran lag, dass ich nicht für sie gebetet oder ihr in irgendeiner Weise geholfen hatte, als ich die Gelegenheit dazu hatte. Das beunruhigte mich bis ins Innerste meines Wesens. Doch was der Priester dann sagte, änderte den Lauf meines Lebens.

Gott ist außerhalb der Zeit

Nachdem ich meinem Beichtvater die ganze Geschichte erklärt hatte, sagte er zu mir: „Geh heute Abend nach Hause und bete den Rosenkranz zur Göttlichen Barmherzigkeit für das Seelenheil deiner Großmutter!“ Ich erwiderte: „Was ist der Rosenkranz zur Göttlichen Barmherzigkeit? Ich habe noch nie davon gehört.“

Er antwortete: „Ich werde dir gleich zeigen, wie man ihn betet. Es ist ein einfaches Gebet und es ist eines der kraftvollsten Gebete, die du je in deinem Leben beten kannst, abgesehen von der Heiligen Messe.“

„Aber Pater“, sagte ich, „meine Großmutter ist vor zehn Jahren gestorben, wie kann ein Gebet, das ich jetzt spreche, ihr bei ihrer Erlösung helfen, nachdem sie bereits verurteilt worden ist? Sie ist entweder im Himmel oder in der Hölle; Tatsache ist, dass sie verurteilt wurde, also ist ihr ewiges Schicksal besiegelt – was auch immer das sein mag. Meine Gebete können ihr bestenfalls die Zeit im Fegefeuer verkürzen, wenn sie es überhaupt so weit geschafft hat.“

Er sagte: „Schau, Gott ist außerhalb der Zeit. Für Gott gibt es keine Zeit; es gibt keine Vergangenheit und keine Zukunft. Für Gott geschieht alles auf einmal. Für Gott geschieht alles in einem einzigen, großen, ewig gegenwärtigen Moment. Mit anderen Worten: Gott sieht alles, was jemals geschehen ist oder geschehen wird, augenblicklich."

Der Priester fuhr fort: „Gott ist *omniszient*, das heißt, Er weiß alles. Er kennt jedes Gebet, das du jemals in deinem Leben beten wirst. Er ist auch *omnipotent*, das heißt, Er hat alle Macht. Er hat die Macht, die Gnaden der Gebete, die du sprichst, auf jeden Zeitpunkt anzuwenden – auf die Vergangenheit, die Gegenwart oder die Zukunft. Gehe also nach Hause und bete heute Abend den Rosenkranz zur Göttlichen Barmherzigkeit, um deiner Großmutter im Moment ihres Gerichtes zu helfen!"

Während ich von diesen neuen Informationen über das Wesen Gottes völlig gefesselt war, wusste ich immer noch nicht, wie ich all das, was in meinem Kopf vor sich ging, verarbeiten sollte. Als der Priester dies erkannte, gab er ein anschauliches Beispiel. Er verwies auf einen Heiligen, den ich kannte, den hl. Pater Pio.

Der Priester wies darauf hin, dass es eine interessante Geschichte über Pater Pio gibt, die von Pater Alessio Parente OFMCap, dem persönlichen Assistenten von Pater Pio, dokumentiert wurde. Parente erzählt das folgende Gespräch zwischen Pater Pio und seinem Arzt:

> Pater Pio: „[Ich] kann sogar jetzt für den glücklichen Tod meines Urgroßvaters beten."
> Arzt: „Aber er ist doch schon seit vielen, vielen Jahren tot."
> Pater Pio: „Für den Herrn existiert die Ver-

gangenheit nicht, die Zukunft existiert nicht. Alles ist eine ewige Gegenwart. Diese Gebete sind bereits berücksichtigt worden. Und so wiederhole ich, dass ich auch jetzt für den glücklichen Tod meines Urgroßvaters beten kann!“[56]

Nachdem ich dies gehört hatte, rief ich aus: „Du meinst, ich kann sie aus der Hölle holen?“

„Nein!“, antwortete er. „Das ist nicht die Lehre der Kirche. Aber deine Gebete können ihr im Moment des Gerichts tatsächlich helfen.“ Er fuhr fort: „Jesus sagte der hl. Faustyna in ihrem *Tagebuch*...“

Ich unterbrach ihn und fragte: „Wer ist die hl. Faustyna und was ist das *Tagebuch*?“

Er erklärte mir, wer sie war und welche Sendung Jesus ihr gegeben hatte (siehe Kapitel 2), und fuhr dann mit seiner Hauptaussage fort: „Jesus sagte der hl. Faustyna, dass Er im Augenblick des Todes dreimal zur Seele kommt und dem Menschen drei Gelegenheiten gibt, Seine Barmherzigkeit anzunehmen (siehe *TB* 1486). In einem besonderen Beispiel, das sie im *Tagebuch* aufzeichnet, kommt Jesus zu einer verzweifelten Seele und fleht sie an, Sein Geschenk der Erlösung anzunehmen.“

Aufgeregt rief ich: „Vater! Dann sind wir hier fertig! Denn es ist unmöglich, dass Jesus zu meiner Großmutter kommt, ohne dass sie Ihm in die Arme springt und sagt: ‚Zeig den Fahrstuhl nach oben, lass uns gehen!‘“

Er holte mich auf den Boden der Tatsachen zurück und

antwortete sanft: „Nicht so schnell. Hat deine Großmutter die Sakramente empfangen, bevor sie starb?

„Ich weiß es nicht."

„Hat sie sich mit Gott versöhnt und Ihn um Vergebung und Gnade gebeten?", fragte er.

Wieder antwortete ich: „Ich weiß es nicht."

„Das Problem ist, dass wir in dem Zustand sterben, in dem wir leben, und wenn deine Großmutter sich in diesem Leben von Gott abgewandt hat, wird sie Christus vielleicht nicht erkennen, wenn Er im Moment ihres Todes zu ihr kommt."

„Was?" sagte ich. „Vater, du hast mich optimistisch gemacht, dass sie gerettet wird, und jetzt sagst du mir, dass sie Jesus nicht erkennen wird, wenn Er kommt?"

„Du hast mich nicht ausreden lassen", erwiderte er. „Ohne deine Gebete wird sie Ihn vielleicht nicht erkennen, wenn Er kommt. Aber mit deinen Gebeten kann der Schleier, der ihre Sicht auf Gott blockiert, ihre Sünde sozusagen, mit der Gnade deiner Gebete gelüftet werden, und sie kann Gott so sehen, wie Er ist."

„Wow", war das einzige Wort, das ich hervorbringen konnte.

Der Priester fuhr fort: „Sie wird deine Hilfe wirklich brauchen. Also, wie ich schon sagte, gehe heute Abend nach Hause und bete den Rosenkranz zur Göttlichen Barmherzigkeit für das Seelenheil deiner Großmutter!"

Der Priester verglich die Gnaden meiner Gebete mit einem Geschwader von Sturzkampfbombern, die aus dem Jahr 2003 zurück ins Jahr 1993 flogen, zum Zeitpunkt des Gerichtes über meine Großmutter, und durch die Hände der Gottesmutter auf ihre Seele regneten. Der Priester sagte, dass Gott zulassen würde, dass die Gnade meiner Gebete ihr zuteilwird, weil Gebete diese Art von Macht haben. Sie könnten dazu beitragen, den Schleier vor ihren Augen zu lüften und ihre Fähigkeit stärken, „Ja" zu Gott zu sagen und Seine Barmherzigkeit anzunehmen, obwohl sie sonst Jesus vielleicht nicht „erkannt" hätte, als Er zu ihr kam.

Denkt daran, dass Jesus am achten Tag zu uns kommt, wenn wir in die Ewigkeit eintreten! Deshalb müssen wir, wie wir in Kapitel 3 erklärt haben, bereit sein! Das ist der garantierteste und sicherste Weg der Erlösung, aber selbst, wenn die Seele unseres geliebten Menschen nicht perfekt vorbereitet ist, können wir durch unsere Gebete immer noch Hoffnung haben. Natürlich müssen wir verstehen, dass wir nicht die Entscheidung für unsere Lieben treffen und für sie „Ja" zu Gott sagen können. Nur sie können Christus im Moment ihres Gerichts annehmen, aber die Gnaden unserer Gebete können ihnen dabei durchaus helfen.

Wie bereits erwähnt, möchte Gott, dass wir an Seinem rettenden Erlösungswerk teilhaben. Deshalb sagte Jesus zur hl. Faustyna, dass das Heil von Tausenden von Seelen von ihren Gebeten abhänge. Dies zeigt sich auch in den Bittgebeten von Fatima, als die Heilige Jungfrau Maria sagte: „Betet, betet sehr viel! Bringt Opfer für die Sünder! Viele Seelen kommen in die Hölle, weil niemand bereit ist, ihnen mit Opfern zu helfen."[57]

Unsere mit Christus vereinten Gebete und Leiden sind wichtiger, als wir uns vorstellen können, und Gott kann mit dieser Gnade mehr erreichen, als wir in diesem Leben je wissen können.

Keine Zeit zur Umkehr?

Ich war schon fast überzeugt von diesem unglaublichen Konzept, aber ich hatte immer noch einen letzten Einwand. In Anlehnung an die Theologen der frühen Kirche fragte ich zögernd: „Vater, meine Großmutter hat sich mit einer Handfeuerwaffe erschossen und war auf der Stelle tot. Es gab keine Zeit, um Buße zu tun. Hat das keinen Einfluss auf die Dinge?"

Auf liebevolle Weise sagte er: „Nichts ist außerhalb der Barmherzigkeit Gottes! Denke daran, Jesus kommt zu den Seelen und gibt ihnen die Möglichkeit, Seine Barmherzigkeit zu empfangen."

Der Priester war besorgt um mich, weil er verstand, was ich und so viele andere durchgemacht hatten. Unabhängig davon, ob ein Mensch durch Selbstmord oder auf andere Weise stirbt, machen sich die Angehörigen des Verstorbenen oft Sorgen, dass die Person vor ihrem Tod keine Zeit hatte, „die Dinge mit Gott in Ordnung zu bringen". Sie sind besorgt, dass ihr geliebter Mensch keine Zeit hatte, seine Sünden zu bereuen und um Gottes Gnade zu bitten. Die Kirche mischt sich in diese Angelegenheit ein, vor allem in Bezug auf Selbstmord (und wir können hoffen, dass Gottes Barmherzigkeit sich auf alle unvorbereiteten Todesfälle erstreckt).

Um mir zu helfen, dies zu verstehen, las mir der Priester dann aus dem *Katechismus* vor:

> Man darf die Hoffnung auf das ewige Heil der Menschen, die sich das Leben genommen haben, nicht aufgeben. Auf Wegen, die Gott allein kennt, kann Er ihnen

> Gelegenheit zu heilsamer Reue geben. Die Kirche betet für die Menschen, die sich das Leben genommen haben (2283).

Erstaunt bat ich ihn, dies näher zu erläutern. Er antwortete mir: „Du glaubst doch nicht, dass Gott in der Zeit, welche die Kugel brauchte, um drei Zentimeter weit zu fliegen, kein Wunder vollbringen konnte? In dieser Mikrosekunde zwischen ihrer Entscheidung, den Abzug zu betätigen, und ihrem Tod kann Gott zur Seele kommen, sogar dreimal. Das ist möglich, weil Gott nicht an die Zeit gebunden ist."

Dann ließ er mich wissen, dass es noch mehr Unterstützung für seine Aussage gab. Er las diesen Abschnitt aus dem *Tagebuch* der hl. Faustyna vor:

> Manchmal gelangt die Barmherzigkeit Gottes im letzten Augenblick zum Sünder, in sonderbarer und geheimnisvoller Weise. Nach außen scheint es, als wäre alles verloren, aber so ist es nicht. Angestrahlt vom starken Strom der endgültigen Gnade Gottes, wendet sich die Seele im letzten Moment mit solcher Liebe Gott zu, dass sie sofort Nachlass aller Schuld und Strafe erhält. Nach außen gibt sie uns keine Zeichen der Reue und Zerknirschung, weil sie auf äußere Dinge nicht mehr reagiert. O, wie unerforscht ist die Barmherzigkeit Gottes. … Selbst während des Sterbens schenkt der Barmherzige Gott der Seele diesen lichten inneren Augenblick, und wenn die Seele will, hat sie die Möglichkeit, zu Gott zurückzukehren (*TB* 1698).

Diese Offenbarung der Barmherzigkeit Gottes und die Worte aus dem *Katechismus* über die Hoffnung für diejenigen, die sich das Leben genommen haben, zeigen uns, dass Gott die Möglichkeit bietet, von unseren Sünden umzukehren, egal wie schwer sie sind.

Zum Abschluss des unglaublichsten Gesprächs, das ich je in meinem Leben geführt hatte, rief ich: „Willst du mich veräppeln? Wir haben einen Gott, der so liebevoll und barmherzig ist, dass Er es zulässt, dass ein Schwachkopf wie ich, der nicht einmal bei der Beerdigung seiner Großmutter für sie gebetet hat, Jahre später die Gelegenheit erhält, zu ihrer Erlösung beizutragen? Und dann wird Er die Gnaden dieser Gebete im Moment ihres Todes auf ihre Seele herabregnen lassen und ihr die Möglichkeit geben, erneut zu beten und gerettet zu werden? Das ist absolut unglaublich!"

Mein Leben verändert sich

An diesem Punkt sagte ich zu dem Priester: „Pater, ich weiß nicht wie, aber ich muss den Rest meines Lebens damit verbringen, diese Botschaft der Göttlichen Barmherzigkeit zu verbreiten! Das übertrifft alles, was ich je gehört habe!" Natürlich hatte ich keine Ahnung, dass Gott mich zum Priester machen würde, aber so ist Er nun einmal.

Dann überreichte mir der Priester ein Gebetsbild, auf dessen Vorderseite das Bild der Göttlichen Barmherzigkeit, Jesus Christus, abgebildet war, und auf der Rückseite befand sich eine Anleitung, wie man den Rosenkranz zur Göttlichen

Barmherzigkeit betet. Er sagte mir, dass dies neben dem Rosenkranz das mächtigste Gebet sei, das wir außerhalb der Heiligen Messe beten können. Und ratet mal, woher das Gebetsbildchen stammte? Von der Vereinigung der Helfer der Marianer in Stockbridge, Massachusetts! Und ratet mal, wer jetzt der Direktor der Vereinigung der Helfer der Marianer ist? Ihr habt es erraten, ich bin es. Wieder einmal zeigt sich, wie Gottes Barmherzigkeit wirkt!

Ich war so bewegt, wie barmherzig Gott ist, dass es mein ganzes Leben verändert hat. Ich ging an diesem Abend nach Hause und betete den Rosenkranz zur Göttlichen Barmherzigkeit für das Seelenheil meiner Großmutter und ich spürte danach definitiv einen gewissen Frieden und das Gefühl, dass ihr der Eintritt in den Himmel gewährt wurde. Wenn ihr also dieses Gebet sprecht, solltet ihr das gleiche Vertrauen haben. Aus diesem Grund habe ich mich den Marianern der Unbefleckten Empfängnis der allerseligsten Jungfrau Maria angeschlossen. Wir sind die Priester der Göttlichen Barmherzigkeit und es ist unsere Aufgabe, diese Botschaft in der ganzen Welt zu verbreiten.

Es gibt noch eine letzte Geschichte, die ich erzählen möchte. Sie handelt davon, was wir tun sollten, wenn Zweifel unser Vertrauen auf Gottes Barmherzigkeit zu untergraben versuchen. Als marianischer Priester habe ich bei vielen Gemeindeeinsätzen gesprochen. Während einer dieser Missionen vor ein paar Jahren begann ich zu zweifeln, ob die Geschichte von meiner Großmutter und der Macht des Gebets wirklich wahr ist. Ich begann zu zweifeln, ob ich die Geschichte bei meinen Missionsgesprächen überhaupt weitererzählen sollte, aber zumindest betete ich und versuchte zu entscheiden, was ich tun sollte. Ich sagte Gott im Gebet, dass ich die Geschichte nicht mehr in meine Vorträge aufnehmen würde, wenn Er mir nicht die Gewissheit geben würde, dass es Sein Wille war. Ich wollte Gott nicht herausfordern; ich wollte nur nicht etwas lehren, das nicht wahr war.

Es dauerte ganze drei Stunden, bis Gott antwortete. Als ich über den Parkplatz ging, um zur Kirche zur letzten Nacht meiner Mission zu gehen, redete ich mir ein, diese Geschichte nicht zu erzählen. Auf halbem Weg bemerkte ich eine junge Frau, die aus ihrem Auto ausstieg. Unsere Blicke trafen sich kurz und dann fragte sie: „Sind Sie Pater Joseph?" Ich sagte ihr, dass dies mein Ehrentitel als Direktor der Vereinigung der Helfer der Marianer sei, aber ich stellte mich als Pater Chris vor. Sie fuhr fort: „Haben Sie eine Minute Zeit zum Reden?" Als ich ja sagte, fragte sie: „Sind Sie derjenige, der die DVD über den Selbstmord Ihrer Großmutter gemacht hat?"

„Ja, das bin ich", sagte ich ihr.

„Ich muss mit Ihnen reden, Vater", sagte sie. „Mein Onkel hat sich das Leben genommen und wie Sie habe ich nicht für ihn gebetet. Und jahrelang dachte ich, er sei in der Hölle. Dann habe ich Ihre DVD gesehen und angefangen, den Rosenkranz für ihn zu beten. Und wieder spürte ich, wie Sie, etwas. Dann ging ich eines Tages zur hl. Beichte zu einem sehr heiligmäßigen Priester, der dafür bekannt ist, dass er in den Seelen lesen kann. Nach meiner Beichte, bei der ich meinen Onkel überhaupt nicht erwähnt hatte, sagte der Priester: ‚Übrigens, Ihre Rosenkränze zur Göttlichen Barmherzigkeit haben gewirkt.' Ich fragte: ‚Was meinen Sie, Herr Pfarrer?' Und er antwortete:

‚Hatten Sie nicht einen Onkel, der sich das Leben genommen hat, und Sie haben für ihn den Rosenkranz zur Göttlichen Barmherzigkeit gebetet? Ihre Barmherzigkeitsrosenkränze haben gewirkt.' Ich fragte ihn: ‚Woher wissen Sie das, wenn ich ihn in meiner Beichte nicht erwähnt habe?' Und er sagte: ‚Ich habe es einfach gesehen.'"

Mir lief ein Schauer über den Rücken und ich ging an diesem Abend direkt in die Kirche und erzählte diese Geschichte, wobei ich betonte, dass man niemals an der Barmherzigkeit Gottes zweifeln sollte. Gott kann selbst aus der schlimmsten Tragödie etwas Gutes hervorbringen und Er will nie, dass das Böse das letzte Wort hat. Ich glaube wirklich, dass das größere Gute, das aus der unglücklichen Situation meiner Großmutter entstand, mein Priestertum war. Ich glaube auch, dass meine Gebete ihr geholfen haben, Gottes Barmherzigkeit im Moment ihres Gerichts anzunehmen, als Jesus ihr die ewige Erlösung anbot. So funktioniert der Leib Christi.

Gottes Barmherzigkeit ist immer bei uns und ist größer als jede Sünde, sogar als der Selbstmord. Die Göttliche Barmherzigkeit ist ein Ozean, neben dem jede noch so schwere Sünde nur ein Tropfen ist. Alle Sünden sind vergebbar bis auf eine: die Ablehnung der Barmherzigkeit Gottes. Mit anderen Worten: Wir müssen nur um sie bitten. Das ist der Schlüssel – denkt an eure ABCs!

Unser Glaube bietet uns unendlich viele Möglichkeiten, die Gnade Gottes in unser Leben und in jede schmerzhafte Situation einzuladen. Die Göttliche Barmherzigkeit ist immer die Antwort. Wir sind aufgerufen, das Beispiel der frühen Kirche nachzuahmen: Angesichts der Verfolgung, die kam, hätten die Jünger die Hoffnung verlieren können. Aber Jesus hatte ihnen gesagt – und in Seinem eigenen Leben gezeigt –, dass wir durch die Kreuzigung gehen müssen, bevor wir die Auferstehung erleben.

Das bedeutet, dass wir Hoffnung haben, echte Hoffnung, eine übernatürliche Hoffnung, die von Gott selbst kommt, nicht nur als Antwort auf den Selbstmord, sondern auf alle Tragödien; auf Heilung durch die Göttliche Barmherzigkeit. Keine Tragödie, wie schlimm sie auch sein mag, ist jenseits von Gottes Barmherzigkeit. Er ist immer bei uns und hilft uns, sie zu überstehen. Wie eine gute Freundin von mir, Sammie Wood, einmal sagte: „Du wirst nie über solch verheerende Ereignisse in deinem Leben hinwegkommen, aber mit der Göttlichen Barmherzigkeit kannst du sie durchstehen."

Das ist es, was die Göttliche Barmherzigkeit ist; und was sie für uns tun kann, ist wirklich unglaublich. Sie ist sogar so unglaublich, dass sie euer Leben jetzt und für alle Ewigkeit verändern kann. Deshalb ist es absolut notwendig, dass ihr die Göttliche Barmherzigkeit empfangt – und wir haben die Worte Jesu, die das zu bestätigen: **„Ich gebe der Menschheit den letzten Rettungsanker – die Zuflucht zu Meiner Barmherzigkeit"** (*TB* 998).

ANHANG

Wie man den Rosenkranz zur Göttlichen Barmherzigkeit betet

1. Mache das Kreuzzeichen.

2. Bete das optionale Eröffnungsgebet.

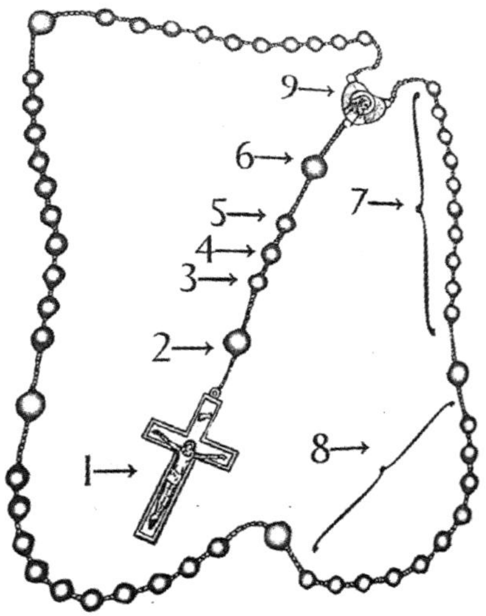

3. Bete das „Vaterunser“.

4. Bete das „Ave Maria“.

5. Bete das „Apostolische Glaubensbekenntnis“.

6. Bete das „Ewiger Vater“.

7. Bete 10 „Durch Sein schmerzhaftes Leiden“ auf den „Ave Maria“-Perlen.

8. Wiederhole 4 weitere Gesätze lang das „Ewiger Vater“ auf der „Vaterunser“-Perle und dann 10 „Durch Sein schmerzhaftes Leiden“ auf den folgenden „Ave Maria“-Perlen.

9. Am Ende der 5 Gesätze wird auf dem Medaillon dreimal das „Heiliger Gott“, die abschließende Doxologie, gebetet.

10. Bete das optionale Schlussgebet.

Gebete des Rosenkranzes zur Göttlichen Barmherzigkeit

1. *Das Kreuzzeichen*: Im Namen des Vaters und des Sohnes und des Heiligen Geistes. Amen.
2. *Eröffnungsgebet (optional)*: Du bist gestorben, Jesus, aber für die Seelen entsprang eine Quelle des Lebens. Für die ganze Welt öffnete sich ein Meer der Barmherzigkeit. O Born des Lebens, unergründliche Barmherzigkeit Gottes, beherrsche die ganze Welt und ergieße dich über uns (*TB* 1319).
   O Blut und Wasser, aus dem Herzen Jesu als Quelle der Barmherzigkeit für uns entströmt, ich vertraue auf dich! (*dreimal*) (*TB* 84).
3. *Das Vaterunser*: Vater unser im Himmel, geheiligt werde dein Name, dein Reich komme, dein Wille geschehe wie im Himmel so auf Erden. Unser tägliches Brot gib uns heute und vergib uns unsere Schuld, wie auch wir vergeben unseren Schuldigern, und führe uns nicht in Versuchung, sondern erlöse uns von dem Bösen. Amen.
4. *Das Ave Maria*: Gegrüßet seist du, Maria, voll der Gnade. Der Herr ist mit dir. Du bist gebenedeit unter den Frauen und gebenedeit ist die Frucht deines Leibes, Jesus. Heilige Maria, Mutter Gottes, bitte für uns Sünder, jetzt und in der Stunde unseres Todes. Amen.
5. *Das Apostolische Glaubensbekenntnis*: Ich glaube an Gott, den Vater, den Allmächtigen, den Schöpfer des Himmels und der Erde. Und an Jesus Christus, Seinen eingeborenen Sohn, unseren Herrn, empfangen durch den Heili-

gen Geist, geboren von der Jungfrau Maria, gelitten unter Pontius Pilatus, gekreuzigt, gestorben und begraben, hinabgestiegen in das Reich des Todes, am dritten Tage auferstanden von den Toten, aufgefahren in den Himmel. Er sitzt zur Rechten Gottes, des allmächtigen Vaters; von dort wird Er kommen, zu richten die Lebenden und die Toten. Ich glaube an den Heiligen Geist, die heilige, katholische Kirche, Gemeinschaft der Heiligen, Vergebung der Sünden, Auferstehung der Toten und das ewige Leben. Amen.*

6. *Auf der „Vaterunser"-Perle vor jedem Gesätz*: Ewiger Vater, ich opfere dir auf den Leib und das Blut, die Seele und die Gottheit deines über alles geliebten Sohnes, unseres Herrn Jesus Christus, zur Sühne für unsere Sünden und die Sünden der ganzen Welt (*TB* 476).
7. *Auf den „Ave Maria"-Perlen bei jedem Gesätz*: Durch Sein schmerzhaftes Leiden habe Erbarmen mit uns und mit der ganzen Welt.
8. *Wiederhole die „Ewiger Vater" und „Durch Sein schmerzhaftes Leiden"*: (Nummer 6 und 7) Gebete für 4 weitere Gesätze.
9. *Nach 5 Gesätzen die abschließende Doxologie (dreimal)*: Heiliger Gott, heiliger starker Gott, heiliger unsterblicher Gott, habe Erbarmen mit uns und mit der ganzen Welt.
10. *Schlussgebet (optional)*: O Ewiger Gott, dessen Barmherzigkeit unergründlich und dessen Schatz des Erbarmens unerschöpflich ist, schau gnädig auf uns und vermehre in uns deine Barmherzigkeit, damit wir in schweren Zeiten nicht verzweifeln und nicht mutlos werden, sondern

uns mit großem Vertrauen deinem heiligen Willen hingeben, der die Liebe und das Erbarmen selber ist. Amen (*TB* 950).

*Der Wortlaut des Apostolischen Glaubensbekenntnisses entspricht dem Römischen Messbuch.

Anmerkungen

1 Konferencja ascetyczne. Notatki sguchaczy przemówien Ojca Maksymiliana Kolbego (Aszetische Konferenzen von Pater Maximilian Kolbe aus den Aufzeichnungen derer, die ihn hörten), Niepokalanów, 1976, 10. März 1940, zitiert in „St. Maximilian Kolbe and the Eucharist", Mutter aller Völker, aktualisiert am 29. Mai 2020, https://www.motherofallpeoples.com/post/st-maximilian-kolbe-and-the-eucharist.

2 Thomas von Aquin, *Summa Theologiae,* I, 10, 1.

3 Joseph Kardinal Ratzinger, *Der Geist der Liturgie*, Herder Verlag, Freiburg, S. 62

4 Ebd., S. 50, 53.

5 Vom Teufel versucht, ließ der Mensch in seinem Herzen das Vertrauen zu seinem Schöpfer sterben, missbrauchte seine Freiheit und gehorchte dem Gebot Gottes nicht. Darin bestand die erste Sünde des Menschen. Danach wird jede Sünde Ungehorsam gegen Gott und Mangel an Vertrauen auf Seine Güte sein.

6 Es mag scheinen, als ob ich sage, dass nur der Vater erschafft, nur der Sohn erlöst und nur der Geist heiligt/vergöttlicht. Aber wo eine Person der Dreifaltigkeit ist, da sind die anderen zwei. Diese Darstellung basiert einfach darauf, welche Person der Dreieinigkeit am meisten mit bestimmten Abschnitten der Heilsgeschichte in Verbindung gebracht wird, nicht auf einer starren Aufteilung ihrer Rollen.

7 Papst Benedikt XVI., Regina Cæli, Angelus-Botschaft, 30. März 2008, https://www.vatican.va/content/benedict-xvi/de/angelus/2008/documents/hf_ben-xvi_reg_20080330.html.

8 Papst Johannes Paul II., Enzyklika Dives in Misericordia (Reich an Erbarmen), 30. November 2008, Nr. 7, https://www.vatican.va/content/john-paul-ii/de/encyclicals/documents/hf_jp-ii_enc_30111980_dives-in-misericordia.html.

9 Robert Fulghum, All I Really Need to Know I Learned in Kindergarten, New York: Villard Books, 1986.

10 Papst Johannes Paul II., Ansprache, Heiligtum der Göttlichen Barmherzigkeit, Krakau, Polen, 7. Juni 1997, Nr. 1, http://www.vatican.va/content/john-paul-ii/en/speeches/ 1997/june/documents/hf_jp-ii_spe_19970607_divina-misericordia.html.

11 Pater Paul Yi, „*Trust: A Journey through the Diary of St. Faustina, Vortrag 1*".
Predigten von Pater Paul Yi, 17. Juni 2015, Ascension Catholic Church,

Donaldsonville, LA, abgedruckt unter http://jesusthrumary.blogspot.com/2015/06/trust-journey-through-diary-of-st.html.

12 Sr. Madeleine Grace CVI, „Sr. Faustina Kowalska: *A Model for Eucharistic Spirituality*“, Homiletic & Pastoral Review, San Francisco, CA: Ignatius Press, April 2008, S. 68-73.

13 Ewa Czaczkowska, *Faustina: The Mystic and Her Message,* Stockbridge, MA: Marian Press, 2014, S. 340, 358.

14 Siehe z.B. Czaczkowska, S. 372-373.

15 Pater Paul Yi, „*Trust: A Journey into the Diary of St. Faustyna, Talk 1*“, 17. Juni 2015, Ascension Catholic Church, Donaldsonville, LA, abgedruckt unter http://jesusthrumary.blogspot.com/2015/06/trust-journey-through-diary-of-st.html.

16 *Second Greatest Story Ever Told*, DVD, Greenwood Village, CO: Augustine Institute Studios, 2016

17 Pater Thaddaeus Lancton MIC, *Stepping on the Serpent: The Journey of Trust with Mary,* Stockbridge, MA: Marian Press, 2017.

18 Sel. Sebastian Valfre, zitiert in: Jill Haak Adels, *The Wisdom of the Saints: An Anthology,* New York: Oxford University Press, 1989, S. 64.

19 Sel. Franz Xaver Seelos, zitiert in: „*Saint of the Day: Blessed Francis Xavier Seelos, ‚The Cheerful Ascetic*‘“ Aleteia, abgerufen am 20. Dezember 2020, https://aleteia.org/daily-prayer/friday-october-5/.

20 Fernand Cabrol, „Octave“, in: The Catholic Encyclopedia, New York: Robert Appleton Company, 1911, New Advent, https://www.newadvent.org/cathen/11204a.htm.

21 Yehushuah Stokar, „The Magical Number of 8“, Torah Mitzion, 7. Juni 2015, https://torahmitzion.org/learn/the-magical-number-of-8/.

22 Eliezer Posner, „*Was ist die spirituelle Bedeutung der Zahl Acht?*“ Chabad.org, abgerufen am 20. November 2020, https://www.chabad.org/library/article_cdo/aid/606168/jewish/Whats-the-Significance-of-the-Number-Eight.htm.

23 28. Juli 2006, https://www.thedivinemercy.org/articles/image-feast-and-new-millenium-mercy.

24 Apostolische Pönitentiarie, Handbuch der Ablässe, 2006, Andere Zugeständnisse, Einleitung, 7.

25 Beachtet, dass der Katechismus (1452) feststellt, dass ein Akt der Reue immer noch die sakramentale Beichte erfordert, um Vergebung der Todsünden zu erhalten: Wenn sie aus einer Liebe erwächst, die Gott über alles liebt, wird die Reue „vollkommen“ genannt (Reue der Liebe). Eine solche Zerknirschung erlässt die lässlichen Sünden; sie erlangt

auch die Vergebung der Todsünden, wenn sie den festen Entschluss einschließt, so bald wie möglich die sakramentale Beichte aufzusuchen. Ein Standardakt für die geistliche Kommunion sieht wie folgt aus:

Mein Jesus,
ich glaube, dass du im Allerheiligsten Sakrament gegenwärtig bist.
Ich liebe dich über alles,
und ich wünsche, dich in meine Seele aufzunehmen.
Da ich dich in diesem Augenblick nicht sakramental empfangen kann,
so komm doch wenigstens geistig in mein Herz.
Ich umarme dich, als ob du schon da wärst,
und vereinige mich ganz mit dir.
Erlaube mir niemals, von dir getrennt zu sein.
Amen.

26 Ewa Czaczkowska, Faustyna: The Mystic and Her Message, Stockbridge, MA: Marian Press, 2014, S. 22.

27 Autorengespräch mit Pater Seraphim Michalenko MIC, 18. Dezember 2020.

28 Pater Johann G. Roten SM, „Moderne Erscheinungen, neue Formen: eine neue Art von Erscheinung", University of Dayton: All About Mary, https://udayton.edu/imri/mary/m/modern-apparitions-new-forms.php

29 Ratzinger, Geist der Liturgie, S. 132-133.

30 Robert Bucklin, „The Shroud of Turin: Viewpoint of a Forensic Pathologist*", Shroud Spectrum International 5, part 3 (December 1982), S. 3-10, https://www.shroud.com/pdfs/ssi05part3.pdf.

31 „Gott hat mich geschaffen, um Ihn zu kennen, zu lieben und Ihm in dieser Welt zu dienen und um in der nächsten Welt für immer mit Ihm glücklich zu sein." Drittes Plenarkonzil von Baltimore, Baltimore-Katechismus Nr. 2 (Charlotte, NC: TAN Books, 2010), Erste Lektion, „Über das Ende des Menschen", Frage 6, S. 8.

32 Siehe z.B. die Apologetischen Abhandlungen des hl. Johannes von Damaskus gegen diejenigen, die die Heiligenbilder entweihen.

33

die Botschaft und die Verehrung der Göttlichen Barmherzigkeit herausgegeben hat und die zu Lebzeiten der hl. Faustyna in Krakau gedruckt wurde.

34 Ebd.

35 Summarium der Seligsprechung und Kanonisierung von Faustyna Kowalska von der Kongregation der Schwestern der Muttergottes der Barmherzigkeit, Sitzung XVI, 14. Dezember 1965 (öffentliche Kopie).

36 Vaticanum II, Apostolicam Actuositatem (Dekret über das Apostolat der Laien), 18. November 1965, https://www.vatican.va/archive/hist_councils/ii_vatican_council/documents/vat-ii_decree_19651118_apostolicam-actuositatem_ge.html, Nr. 2.

37 „So hat ihr Christus zwischen dem Ersten und dem Zweiten Weltkrieg Seine Botschaft der Barmherzigkeit anvertraut. Diejenigen, die sich daran erinnern, weil sie Zeugen der Ereignisse jener Jahre waren und das schreckliche Leid von Millionen von Menschen miterlebten, wissen nur zu gut, wie notwendig die Botschaft von der Barmherzigkeit war. … Die Heiligsprechung von Schwester Faustyna ist außerordentlich bedeutsam: Durch diese Geste möchte ich heute dem neuen Jahrtausend diese Botschaft übermitteln. Ich übergebe sie allen, damit sie lernen, immer besser das wahre Antlitz Gottes und das wahre Antlitz der Brüder zu erkennen." Papst Johannes Paul II., Predigt, 30. April 2000, https://www.vatican.va/content/john-paul-ii/de/homilies/2000/documents/hf_jp-ii_hom_20000430_faustina.html.
Siehe auch Michael Gaitley, Die zweitgrößte Geschichte aller Zeiten: Jetzt ist die Zeit der Barmherzigkeit, Fe-Medienverlag, Kisslegg).

38 Papst Johannes Paul II., Ansprache, Heiligtum der Göttlichen Barmherzigkeit, Krakau, Polen, 7. Juni 1997, Nr. 1, http://www.vatican.va/content/john-paul-ii/en/travels/1997/documents/hf_jp-ii_spe_07061997_sr-Faustyna.html.

39 Papst Benedikt XVI., Regina Cæli, Angelus-Botschaft, 23. April 2006, http://www.vatican.va/content/benedict-xvi/en/angelus/2006/documents/hf_ben-xvi_reg_20060423.html.

40 „Pater Seraphim machte Dr. Valentin Fuster, einen weltbekannten Kardiologen, ausfindig, um den Fall zu prüfen. Sein Zeugnis brachte den Fall schnell voran und Pater Seraphim arbeitete mit den Beamten des Vatikans an den erforderlichen Unterlagen. Am Sonntag der Göttlichen Barmherzigkeit, dem 30. April 2000, sprach Papst Johannes Paul II. Schwester Faustyna in Rom als erste Heilige des Großen Jubiläumsjahres 2000 heilig. Pater Seraphim, Pater Pytel und Dr. Fuster waren alle an diesem großen Tag anwesend. Johannes Paul II. nahm sogar an dem Empfang nach der Heiligsprechung teil. Er sagte zu Dr. Fuster: ‚Das ist der glücklichste Tag meines Lebens.'" „Letzter Wille und Testament der Barmherzigkeit", Helfer der Marianer (Sommer 2005), https://www.thedivinemercy.org/articles/last-will-and-testament-mercy.

41 Pater Michael Shields, „Let Me Suffer and Love with You, Lord. Only with You." North Star Catholic, Februar 2019, https://northstarcatholic.org/editors- picks/let-suffer-love-lord/.

42 Pater John Hardon SJ, zitiert in ebd.

43 Pater Michael Shields, „*Let Me Suffer and Love with You, Lord. Only with You.*“

44 Papst Johannes Paul II., Apostolisches Schreiben *Salvifici Doloris* (Über den christlichen Sinn des menschlichen Leidens), 11. Februar 1984, Nr. 19, http://www.vatican.va/content/john-paul-ii/en/apost_letters/1984/documents/hf_jp-ii_apl_11021984_salvifici-doloris.html.

45 Pater George Kosicki CSB und Vinny Flynn, *Now is the Time for Mercy*, Stockbridge, MA: Marian Press, 2015, S. 82.

46 Salvifici Doloris, Nr. 24.

47 Kosicki und Flynn, *Now is the Time of Mercy*, S. 82.

48 Dan Steinberg, „Thirty Years Later, Joe Theismann Calls His Broken Leg ‚a Blessing‘“, Washington Post, DC Sports Bog, 19. November 2015, https://www.washingtonpost.com/news/dc-sports-bog/wp/2015/11/19/thirty-years-later-joe-theismann-calls-his-broken-leg-a-blessing.

49 Liberty University News Service, „Former NFL Star Motivates Crowd to Set Lifelong Goals, Live by Faith,“ October 21, 2016, http://www.liberty.edu/informationtechnology/index.cfm?PID=18495&MID=210350.

50 Zitiert von Pater Jay Toborowsky, „Sheen on The Perfumed Feet,“ Young Fogeys blog, April 02, 2007, https://youngfogeysieheblogspot.com/2007/04/sheen-on-perfumed-feet.html.

51 Padre Pio, Secrets of a Soul: Padre Pio's Letters to His Spiritual Directors, Boston, MA: Pauline Books & Media, 2003.

52 Melanie Jean Juneau, „Lord, If This Is How You Treat Your Friends …“, Catholic Mom, 17. Mai 2018, https://www.catholicmom.com/articles/2018 /05/17/lord-if-this-is-how-you-treat-your-friends/.

53 Pater Roger Landry, „*Revenge of the Black Toad and Miser of Souls*“, CatholiCity, 5. März 2010, https://www.catholicity.com/commentary/landry/00826.html.

54 „*Spuren in the Sand*“ (Autor unbekannt) https://www.lifelong-learning.at/Wordpress/wp-content/uploads/2018/06/Spuren_im_Sand.pdf.

55 Pater William Byron SJ, „*Ask Father: Do People Who Commit Suicide Go to Hell?*“ Catholic Digest, 1. April 2007, http://www.catholicdigest.com/faith/200704-01do-people-who-commit-suicide-go-to-hell.

56 Pater Alessio Parente OFMCap., The Holy Souls: „Viva Padre Pio“, Edizione Padre Pio da Pietrelcina, 2011, S. 178-179.

57 Erscheinung in Fatima vom 19. August 1917, „Fourth Apparition of Our Lady“, EWTN.com, Zugriff am 7. Dezember 2020, https://www.ewtn.com/fatima/fourth- apparition-of-our-lady.asp.